Marc-Uwe Kling

VIEWS

MARC-UWE KLING

VIEWS

Roman

Ullstein

Wir verpflichten uns zu Nachhaltigkeit
- Papiere aus nachhaltiger Waldwirtschaft und anderen kontrollierten Quellen
- Druckfarben auf pflanzlicher Basis
- ullstein.de/nachhaltigkeit

MIX
Papier | Fördert gute Waldnutzung
FSC® C014496

6. Auflage 2024

Umschlaggestaltung: bürosüd, München
unter Verwendung einer Vorlage von Tina Kraus und Florian Biege
Satz: Pinkuin Satz und Datentechnik, Berlin

Gesetzt aus der Quadraat Pro
Druck und Bindung: GGP Media GmbH, Pößneck
ISBN 978-3-550-20299-5

DAS DATE

Es ist ein Stefan. Mal wieder. Yasira sitzt an einem verregneten Herbstabend im *Hard Rock Café* am Ku'damm, und ihr gegenüber hockt ein Stefan. Ihr Date. Tinder natürlich.

Ein Rendezvous am Mittwoch. Warum auch nicht? Warum bitte soll sie ihr gesamtes Privatleben aufs Wochenende legen? Nur um dann aufs Neue feststellen zu dürfen, dass sie doch samstags arbeiten muss.

Als Stefan am Telefon das *Hard Rock Café* vorschlug, musste sich Yasira sehr beherrschen, nicht loszulachen. Stattdessen hatte sie ihn nur ein wenig veralbert. »Warte mal! Ich hab da ein Gespräch auf der anderen Leitung. Ich glaube, es sind die Achtziger.«

»Die Burger sind echt der Hammer!«, verteidigte sich Stefan.

Darum sitzen sie jetzt also im *Hard Rock Café*, und die Burger sind wirklich der Hammer. Es gibt sogar Livemusik, und natürlich ist sie selbst Stefan zu laut. Die bevorzugte Lautstärke scheint übers Leben betrachtet eine U-Kurve zu machen, und mit Anfang vierzig ist man sehr nah am Scheitelpunkt. Solch seltsame Gedankengänge verdankt Yasira wohl ihrem Vater. Ein Matheprofessor, der hierzulande auf dem Bau schuften durfte. Stefan arbeitet für die Online-Ausgabe irgendeiner Berliner Zeitung. Yasira ist kurz unkonzentriert und verpasst, für welche. Sie mustert ihn, während er spricht. Braune Locken, eine schicke Brille und ein berlintypischer Siebentagebart, der schon zum Grau tendiert. Steht ihm aber nicht schlecht. Generell ist er ein bisschen hübscher als der letzte Stefan.

Yasira hat ihm noch nicht gesagt, dass sie fürs Bundeskriminalamt arbeitet. Das ist immer ein Risiko. Manche Männer werden sofort notgeil beim Gedanken daran, mit einer Polizistin ins Bett zu steigen. Andere kriegen vor lauter Ohnmachtsgefühlen Erektionsstörungen. Beides unangenehm.

»Ich finde ja, so richtig weit sind wir mit der Gleichberechtigung leider nicht gekommen«, sagt Stefan. »Hast du zum Beispiel gewusst, dass es in Großbritannien weniger Hedgefonds gibt, die von Frauen geleitet werden als von Typen, die David heißen?«

»Oh, wirklich?«, fragt Yasira und beißt in ihren Veggieburger.

Stefans Gesprächsanteil an diesem Abend schätzt sie auf starke achtzig Prozent. Vielleicht, denkt sie, gibt es auch in ihrer Behörde mehr Abteilungen, die von Stefans geleitet werden als von Frauen. Ihr Chef jedenfalls heißt ebenfalls Stefan. Bei den Kriminalbeamten im BKA, das hat sie letztens gelesen, ist das Verhältnis zwei zu eins. Oder anders gesagt, auf zwei Stefans kommt eine Katja.

»Also keine Angst, ich bin kein Antisemit oder so«, sagt Stefan. Yasira ist etwas irritiert, sie versteht den Zusammenhang nicht sofort.

»Ich meine nur, David ist ja ein jüdischer Name«, erklärt Stefan, »aber es sind ja nicht nur Juden, die David heißen. Ich hab nichts gegen Juden oder gegen Israel, wobei ich auch nicht alles gutheißen will, was im Nahen Osten passiert. Ihr habt da bestimmt einen ganz anderen Blick drauf. Ich meine …« Stefan bricht ab. »Ich sollte nicht ›ihr‹ sagen, was?«

Yasira schüttelt belustigt den Kopf.

»Ich plappere mich hier um Kopf und Kragen«, bemerkt Stefan. »Das mache ich immer, wenn ich aufgeregt bin. Darf ich fragen, wo du herkommst?«

»Aus Wilmersdorf«, erwidert Yasira. Stefan macht ein ziemlich doofes Gesicht. Der alte Scherz ist immer wieder lustig. »Mit der U-Bahn«, fügt sie noch hinzu.

Stefan wird rot. Irgendwie niedlich.

»Entschuldigung! Ich wollte nicht …«

»Du wolltest hören, wo meine Eltern mal hergekommen sind? Aus dem Libanon. Beirut. Beziehungsweise, wenn du es ganz genau wissen möchtest, dann kann ich dir noch sagen, dass mein Vater in Houla geboren wurde, einem kleinen Ort ganz im Süden. Beide sind Anfang der Achtziger vor dem Bürgerkrieg geflohen. Da war meine Mutter schon schwanger.«

Stefan guckt nur. Er scheint ein wenig erschlagen von den Informationen, die er doch hatte haben wollen, oder nicht? Yasira lächelt. »Wo kamen denn deine Eltern mal her?«

»Meine Eltern? Also, aus Franken …«

Der arme Stefan ist ganz verunsichert.

»Cheer up«, sagt Yasira. »Ich weiß, dass du es nicht böse gemeint hast.«

Stefans Gesichtszüge entspannen sich etwas.

»Meine Urgroßeltern kamen aus Ostpreußen«, erzählt er, nur um sich sofort wieder zu korrigieren. »Also, ich meine aus Polen.«

»Soso.«

»Und ich komme aus Friedrichshain.« Stefan atmet leicht gestresst aus. »Mit der S-Bahn.«

Yasira lacht. Vielleicht wird das ja doch noch was werden, wenn er seine Unsicherheit mal überwunden hat.

Stefan deutet auf ihren Wein. »Aber du bist nicht gläubig?«

Oh, wie geschickt und scheinbar beiläufig er die Frage platziert hat, die ihm wohl seit Beginn des Dates, vielleicht schon, seit er ihr Bild nach rechts gewischt hat, unter den Nägeln brennt.

»Nein«, sagt Yasira.

Sie kann Stefans Erleichterung beinahe körperlich spüren. Das erregt in ihr eine Art Trotz, weswegen sie hinzufügt: »Aber meine Eltern sind strenggläubig.«

»Ach ja?«

»Allerdings gehören sie einer Sekte an, die stetig Anhänger verliert. Dabei beherrschte sie einst die halbe Welt.«

Stefan guckt nur.

»Sie sind Kommunisten«, erklärt Yasira.

Erst weiß Stefan nicht, wie er reagieren soll, dann lächelt er unsicher. Steht ihm nicht schlecht.

»Aber du nicht?«

»Ich?«, fragt Yasira. »Nein. Ich bin ... also, wenn du meine Tochter fragen würdest ...« Oh, wie geschickt und scheinbar beiläufig sie diese Info platziert hat, die man während eines Dates bloß nicht zu früh, aber auch nicht zu spät fallen lassen durfte. »... die würde wahrscheinlich sagen, dass ich Zynikerin bin.«

»Du hast eine Tochter?«, fragt Stefan überrascht. »Wie schön.«

Die letzten beiden Worte hat er noch schnell angehängt. Seine Stimme war dabei einen Halbton höher.

»Ja, sie ist zu Hause bei meinem Mann. Aber keine Sorge. Wir haben eine offene Beziehung.« Yasira lässt eine Pause. »Also jedenfalls von meiner Seite.« Sie trinkt einen Schluck Wein. »Mehmet ist schon recht eifersüchtig. Einmal hat er mich bei einem Date erwischt und den anderen krankenhausreif geprügelt. Du weißt, wie die Araber sind. Viel Temperament, wenig Selbstkontrolle. Später tat es ihm leid.«

Stefans Gesicht ist zu köstlich. Die Pommes, die er sich gerade in den Mund geschoben hat, fallen fast wieder heraus.

Yasira grinst. »Das war ein Scherz. Patrick und ich sind seit zehn Jahren geschieden. Unsere Tochter Zara ist schon sechzehn.«

Stefan lacht erleichtert auf.

»Der war gut«, sagt er. »Den muss ich meiner Frau erzählen, wenn ich nach Hause komme.«

Yasira zieht eine Augenbraue hoch.

»Seit sechs Jahren geschieden«, berichtet Stefan. »Zwei Kinder.«

Kein Problem, denkt Yasira. In ihrem Alter kommen alle mit Gepäck.

Die beiden Musiker machen eine Pause, und sofort ist der Laden bedeutend angenehmer. Auch Stefan atmet auf.

»Vielleicht treffen wir uns das nächste Mal lieber im Soft-Rock-Café«, sagt er.

»Oder im Kuschelrock-Café«, erwidert Yasira. Ups! Hat sie das gerade wirklich gesagt? Stefan guckt sofort ganz kuschelig. Sie lacht. »Wenn *du* so was Anzügliches gesagt hättest, wäre ich wahrscheinlich sofort aufgestanden und gegangen.«

Sie schiebt sich den letzten Happs ihres *Moving Mountains*-Burgers in den Mund. Seit sie von Zara unter vorgehaltenem moralischem Zeigefinger gezwungen worden ist, Vegetarierin zu werden, gestaltet sich die Auswahl im Restaurant deutlich einfacher. Yasira sieht das wirklich als Vorteil an. Sie hat sich früher oft schwer entscheiden können. Jetzt gibt es einfach immer den Veggieburger. Manchmal, wenn sie ohne ihre Tochter auswärts isst, bestellt sie sich heimlich etwas mit Fisch. Omega 3 und so. Aber solange sie noch nicht weiß, ob dieser Stefan einer sein könnte, den sie ihrer Tochter vorstellt, geht sie lieber kein Risiko ein. Sie will ja nicht, dass er sie mit oder ohne Absicht zu Hause bloßstellt. Da wäre was los, würde er berichten, dass Yasira, wie Zara es nennt, »ihre Zähne in eine Tierleiche gehackt hat«. Auf die Diskussion kann sie dankend verzichten.

Nach dem Essen verschwindet Yasira kurz auf die Toilette. Sie ist zufrieden. Sicher kein Typ für die Ewigkeit. Aber auch kein Totalausfall wie die letzten beiden. Der eine hatte die ganze Zeit von seiner Ex erzählt. Der andere wohnte ernsthaft noch bei seiner Mutter. Aber mit diesem Stefan könnte sie vielleicht eine Zeit lang die Einsamkeit vertreiben. Sie betrachtet sich im Spiegel. Ihre schwarzen Haare trägt sie ausnahmsweise offen, nicht wie sonst immer in einem straffen

Pferdeschwanz. Nicht schlecht für Anfang vierzig. Anfang vierzig! Verdammt! Vor ein paar Jahren hatte Zara für einen Geschichtsvortrag übers Mittelalter recherchiert, irgendwann vom Buch aufgeschaut und völlig verblüfft zu ihr gesagt: »Mama! Im Mittelalter wärst du schon tot!« Beim Gedanken daran muss Yasira unwillkürlich grinsen. Ihr Spiegelbild grinst zurück. Wirklich nicht schlecht für eine fast Tote. Das könnte ein netter Abend werden. Jetzt würde gleich der Teil kommen, wo sie über ihre Hobbys reden. Bouldern, würde sie sagen, und er: »Was ist das denn?«, und sie: »Das ist ein fancy Wort für Klettern.« Und er: »Ach was. Du gehst gerne klettern? Das wollte ich auch schon ewig mal probieren. Vielleicht könnten wir ja mal zusammen klettern. Bla, bla, bla.«

Und danach? Zu ihm oder zu ihr? Lieber zu ihm. Es ist immer ein wenig seltsam, der eigenen Tochter den neuen Lover vorstellen zu müssen. Allerdings ist es fast noch schlimmer, selbst fremden Kindern vorgestellt zu werden. »Hallo, Kids! Das ist Yasira. Sie schläft für voraussichtlich zwei bis sechs Monate manchmal dort, wo Mama früher geschlafen hat.« Brrr! Aber vielleicht hat sie ja Glück. Vielleicht teilt sich Stefan das Sorgerecht mit seiner Ex und hat diese Woche sturmfrei. Immer positiv bleiben. Gut gelaunt verlässt sie die Toilette.

Doch als sie zum Tisch zurückkommt, starrt Stefan auf sein Handy, mit diesem Blick, als wäre der 11. September 2001 und er hätte gerade die Nachrichten eingeschaltet.

»Was ist passiert?«, fragt Yasira.

Stefan schaut auf. Er braucht offenbar einen Moment, um sich wieder gewahr zu werden, dass er sich auf einem Date befindet.

»Nichts«, sagt er.

»Nichts?«

Stefan schüttelt den Kopf. »Nichts … Wichtiges.«

»Warum siehst du dann so aus, als hättest du gerade die Ankündigung des Weltuntergangs gelesen?«

»Es war dumm von mir, dass ich überhaupt auf mein Handy geguckt habe.«

»Jetzt spuck's schon aus«, verlangt Yasira.

»Ach …« Stefan seufzt. »Hast du von dem Mädchen gehört, das vor ein paar Tagen spurlos verschwunden ist? Irgendwo in Sachsen-Anhalt? War heute früh in den Nachrichten.«

Yasira nickt. Sie kann sich an die Meldung erinnern, hat den Bericht aber nicht gelesen. Teils, weil sie schon genug Verbrechen auf der Arbeit hat, teils, weil verschwundene Mädchen ihre Achillesferse sind. Seit sie selbst eine Tochter hat, kann sie bei Verbrechen, die Minderjährige betreffen, noch schwerer die nötige Distanz wahren. Zu sehr rühren sie an der Urangst, dass dem eigenen Kind etwas zustoßen könnte.

»Lena heißt sie«, fährt Stefan fort.

»Lena«, wiederholt Yasira. Nach einer kurzen Pause fragt sie: »Was ist passiert? Ist sie wieder aufgetaucht?«

Stefan macht ein zerknittertes Gesicht. »Schon irgendwie.«

»Irgendwie?«

»Nun, es gibt da so ein … so ein Video, das gerade viral geht. Es ist furchtbar und …« Stefan zögert kurz, sucht wohl nach den richtigen Worten. »… und es ist Sprengstoff.«

WUT

»Was für ein Video?«, fragt Yasira.

»Drei Flüchtlinge«, beginnt Stefan und korrigiert sich sofort, »ich ... äh ... ich meine Geflüchtete ...«

Wer hat sich das eigentlich ausgedacht, fragt sich Yasira. Diesen neuen Sprachcode? Das war sicherlich gut gemeint, aber ob es mehr geholfen oder geschadet hat, darüber ließe sich prima streiten. Ist es im Endeffekt nicht nur eine sprachliche Abgrenzung, dank deren Kenntnis sich Malte im dritten Semester Philosophie seiner Großtante Erna in Hinterwalde gegenüber moralisch überlegen fühlen kann, obwohl es Erna war, die ihren Mann Heinz gegen dessen erklärten Willen dazu gebracht hat, die schwangere Syrerin zum Ultraschall zu fahren? Während Malte noch nie ... Aber wahrscheinlich ist sie schon wieder zu zynisch. Malte verprügelt niemanden und zündet keine Asylbewerberheime an. Malte ist nicht das Problem.

»... also, die drei haben sich dabei gefilmt, wie sie das Mädchen vergewaltigt haben«, fährt Stefan fort. »Und das guckt jetzt das halbe Netz.«

Yasira schließt die Augen und schüttelt leicht den Kopf. Sie atmet tief ein. Natürlich muss sie sofort an Zara denken.

Was, wenn ihrer Tochter so etwas passieren würde? Beim Ausatmen öffnet sie die Augen wieder.

»Zeig her!«

»Es ist wirklich grausam. Ich weiß nicht, ob du …«

»Stefan«, sagt Yasira ruhig, »ich bin Hauptkommissarin beim BKA, Abteilung für schwere und Organisierte Kriminalität!« So, jetzt war es raus. »Ich hab Sachen gesehen, die dir wochenlang den Schlaf rauben würden. Ein Video kann mich nicht schocken. Gib mir das Handy!«

Ohne weiteren Widerstand reicht ihr Stefan sein Smartphone. Sie drückt auf Play.

Schon nach den ersten Sekunden weiß Yasira, dass dieses Video alles verändern wird. Es ist der Tropfen, der Funke, der Zünder. Stefan hat recht. Es ist Sprengstoff.

Ihr kriminalistisch geschultes Auge achtet sofort auf Details. Tatort ist eine kleine Lichtung in einem Wald. Die Aufnahme ist dunkel, aber man kann noch alles und alle erkennen. Also ist es nicht nachts passiert, denn nachts im Wald sieht man gar nichts. Dämmerung wahrscheinlich. Das wäre aktuell gegen achtzehn Uhr. Die drei Männer sind schwarz, wahrscheinlich Mitte zwanzig, und das Mädchen ist weiß, schlank, brünett. Unter achtzehn, schätzt Yasira. Nur wenig älter als ihre eigene Tochter. Vielleicht genauso alt. Es liegt auf dem Tisch einer dieser Rastplätze, die es an manchen Wanderstrecken gibt. Die mit den an die Garnitur montierten Sitzbänken. Das geblümte Kleid des Mädchens ist zerrissen. Ihr ganzer Körper zuckt bei jedem Stoß. Sie schluchzt nur noch. Es ist herzzerreißend. Lena heißt sie.

Lena.

Yasira hat schon oft festgestellt, dass den Namen des Opfers zu kennen, das Verbrechen noch unerträglicher macht. Sie möchte mitheulen und ballt gleichzeitig ihre Faust. Die Männer sind offensichtlich angetrunken. Bierflaschen stehen auf den Sitzbänken. Die Marke kann man nicht erkennen. Zwei der Kerle halten Lena fest. Der linke hat eine graue Baseballcap auf dem Kopf, das Schild zeigt nach hinten. Der rechte trägt einen Pullover mit einem niedlichen Comic-Hund darauf. Snoopy. Vom Vergewaltiger sieht man zuerst nur den Rücken und seine Locken. Die beiden Komplizen, die Lena festhalten, lachen, dann zeigt der rechte in Richtung Kamera und sagt etwas. Er spricht Französisch mit starkem Akzent. Yasira kann ihn nicht verstehen. Aber offensichtlich merkt der Vergewaltiger erst in diesem Moment, dass er von einem vierten Mann gefilmt wird. Er dreht sich um, lässt von dem Mädchen ab. Man sieht sein Gesicht, er ist sauer, kommt auf die Kamera zu. Er schimpft laut, der Mann, der filmt, weicht zurück, aber der Vergewaltiger greift mit der Hand nach der Kamera, und das Bild wird schwarz. Nicht mal eine Minute ist das Video lang. Perfekte TikTok-Länge.

Yasira reicht das Handy zurück.

»Scheiße!«, murmelt sie.

Irgendein bemitleidenswerter Kollege wird bei Lenas Eltern klingeln müssen, ist das Erste, was sie denkt. Es gibt in ihrem Beruf wenig Schlimmeres. Als Überbringer der schlimmen Nachricht fühlt man sich immer ein wenig verantwortlich dafür, dass der Mensch vor einem in diesen bodenlosen inneren Abgrund der Verzweiflung stürzt. Und wenn du lange in einen Abgrund blickst, blickt der Abgrund auch in dich hinein. Was, wenn eines Tages ein Kollege bei ihr klingeln muss, mit schlechten Nachrichten über Zara? Nein, nein. Bloß nicht daran denken.

»Es tut mir leid«, sagt Stefan. »Ich hätte das nicht ... Ich wünschte, ich hätte das nicht angeklickt.«

»Das arme Kind«, murmelt Yasira.

»Ja«, sagt Stefan nur.

Eine lange Minute schweigen beide und hängen ihren Gedanken nach. Warum nur tun sich Menschen so etwas an? Wie ging es nach der Tat weiter? Was wurde aus Lena? Die Mutter in Yasira hofft. Die Hauptkommissarin in ihr hegt kaum einen Zweifel, dass das Mädchen tot ist.

»Das Verbrechen ist schrecklich«, sagt Stefan schließlich. »Aber ich fürchte mich auch vor den Reaktionen. Ich hab Angst vor all dem, was jetzt passieren wird. Ergibt das Sinn?«

Yasira überlegt, dann nickt sie.

Auch sie verspürt Wut. Wut auf diese Männer. Wut auf das, was kommen wird. Wut auf diese Welt. Eine Minute hat gereicht, damit sie diese Männer abgrundtief hasst. Für das, was sie Lena angetan haben. Für ihre Grausamkeit. Für ihre Empathielosigkeit. Aber sie hasst sie auch, weil sie so idiotisch gewesen waren, sich bei ihrem Verbrechen zu filmen und die Aufnahme mit irgendeinem Trottel zu teilen, der es für eine gute Idee hielt, das Video ins Netz zu stellen. Sie kann sich schon die Schlagzeilen vorstellen: die Ausländer, die Schwarzen, die Flüchtlinge, unsere Töchter, unsere Frauen, unsere Werte. Der Untergang des Abendlandes steht bevor.

»Die ganzen rechten Kanäle werden sich dankbar auf die

Munition stürzen«, vermutet Stefan. »Der Einzelfallticker der AfD wird heiß laufen.«

»Ja«, sagt Yasira. »Dabei könnte man das Verbrechen auch ganz anders rahmen. Es sind mal wieder Männer, die einer Frau Gewalt antun.«

»Ich habe letztens einen Artikel darüber geschrieben«, berichtet Stefan. »Allein in Deutschland werden jeden Tag mehr als dreißig Frauen sexuell missbraucht. Und die meisten von ihnen werden natürlich, das ist aufgrund der Bevölkerungsstruktur logisch, von deutschen Männern vergewaltigt.«

»Nur filmen die sich nicht dabei«, sagt Yasira.

»Wahrscheinlich stimmt das noch nicht mal«, erwidert Stefan. »Garantiert gibt es im Darknet zahllose Vergewaltigungsvideos.«

Yasira nickt nur.

»Aber bei diesem Video wird wieder vom Einzelfall verallgemeinert werden«, sagt Stefan. »Dabei ist es doch so: Unter Flüchtlingen gibt es auch Arschlöcher. Unter Nazis gibt es nur Arschlöcher.«

Das hörte sich an wie ein Zitat. Yasira hat jetzt keinen Nerv dafür.

»Das wird alles noch schlimmer machen«, sagt sie nur.

Stefan nippt an seinem Bier. An ihrem Tisch entsteht wieder eine unangenehme Stille.

»Ich ... also irgendwie ist es schwierig, jetzt ... äh ... zu einem anderen Thema ...« Stefan scheint einen Versuch unternehmen zu wollen, das Date zu retten. Tapfer, aber fast aussichtslos. »Und du bist also beim BKA? Wie bist du ...« Stefan bricht ab.

»Wie ausgerechnet ich zur Polizei gekommen bin?«, fragt Yasira. »Nun, ich war mal sehr idealistisch. Ich dachte, damit sich etwas ändert, müssen eben auch Leute wie ich zur Polizei. Jedenfalls ist es das, was ich meinem Vater und meinen Freunden erzählt habe. Aber vielleicht habe ich auch einfach nur als Kind zu viele Krimis geguckt.«

»Du *warst* mal sehr idealistisch?«, fragt Stefan. »Bist du es nicht mehr?«

Yasira zuckt mit den Schultern. »Die Realität hat die dumme Angewohnheit, den eigenen Idealismus zu schleifen. Findest du nicht?«

Stefan seufzt nur.

Kurze Zeit später teilen sie die Rechnung und gehen nach Hause. Jeder zu sich. Stefan hat keinen weiteren Versuch gestartet, das Date zu retten. Das muss man ihm anrechnen. Die Luft ist raus. Der Abend gelaufen. Auf dem Nachhauseweg peitscht Yasira der Regen ins Gesicht. Morgen schon, denkt sie, wird der Sprengstoff das Land zerreißen.

DIE EMPÖRUNG

Yasira ist noch vor dem Weckerklingeln aufgewacht. Die ganze Nacht hat sie mit Albträumen gekämpft. Jemand hat sie und Zara durch einen Wald verfolgt. Zuerst dachte sie, es wären die Vergewaltiger aus dem Video, aber dann war es doch nur Patrick, ihr Ex, der ihr sagte, dass er keinen Unterhalt mehr zahlen wolle. Seltsam.

Yasira setzt sich auf. Ihr Schlafzimmer ist spartanisch eingerichtet: ein Bett, ein Kleiderschrank, ein Nachttisch. Über dem Kopfende des Betts hängt eine Reproduktion von René Magrittes Meisterwerk »Die Liebenden«. Yasira hat es im Museumsshop des MoMA gekauft, auf einer Urlaubsreise nach New York mit Patrick. Und deshalb überlegt sie jeden Tag aufs Neue, ob sie das Bild abhängen soll. Aber man darf eine Beziehung nicht nur vom Ende her sehen. Sie hatten auch schöne Jahre gehabt. Außerdem, wenn sie es abhängen würde, wäre an der Wand bestimmt ein helleres Rechteck, dort, wo das Bild gewesen war. Und dieses leere Rechteck würde sie immer noch an Patrick erinnern. Aber nicht mehr an New York.

Auf dem Gemälde küssen sich ein Mann und eine Frau, doch ihre Köpfe sind komplett mit zwei weißen Tüchern umwickelt. Selbst im Kuss berühren sie sich nicht. Es trifft nur Tuch auf Tuch. Das Bild hatte Yasira sofort fasziniert. Erst viel später fand sie es geradezu prophetisch für die letzten Jahre ihrer Ehe. Sie beschließt, das Bild einen weiteren Tag hängen zu lassen, und geht ins Bad.

Während sie auf der Toilette sitzt, checkt sie die Nachrichten auf ihrem Handy. Schöne neue Welt, denkt Yasira. Nicht mal mehr auf dem Klo hat man seine Ruhe. Dabei hat sie natürlich niemand gezwungen, ihr Handy mit ins Bad zu nehmen. Nur die Neugier, nur ihre Sucht nach aktuellen Informationsfetzen. Ist das schon … Wie nennt Zara das? Ah ja – Doomscrolling? Egal.

Sie überfliegt, was sie in den paar Stunden Schlaf verpasst hat. Lenas Vater Frank Palmer, so erfährt sie von der *tagesschau*-App, hat seine Tochter vor vier Tagen vermisst gemeldet. Die Familie wohnt in Halberstadt am Harz. Das Mädchen ist sechzehn Jahre jung. Genau wie Zara. Yasira malt sich aus, wie es sein muss, solch ein Video zu sehen und die eigene Tochter darin zu erkennen. Es ist unvorstellbar. Entsetzlich. Sie unterbricht ihre eigenen Gedanken, damit sie nicht morgens auf der Toilette anfängt zu heulen, und liest weiter.

Das Video hat bereits eine Welle der Empörung ausgelöst. Reaktion und Gegenreaktion sind irgendwie vorhersehbar, und trotzdem schockt es Yasira, wie extrem manche Wortmeldungen ausfallen und wie leise die Stimmen der Vernunft bleiben. Die einen Politiker fordern lautstark: »Wir müssen endlich …!«, die anderen flüstern: »Ja, schon. Aber …« BILD und Konsorten stürzen sich auf den Fall, sehen es als ihre patriotische Pflicht, darüber zu informieren, und können sich sicher sein, damit nebenbei die Auflage zu steigern. Die bekannten rechten Kanäle schäumen vor Wut. Mag sein, dass dabei – im Eifer des Gefechts – das eine oder andere Mal eine Rückkehr zu den Methoden von ... nun ja ... von damals gefordert wird. Das überhören die meisten aber großzügig. Wer von all denen, die das Video gesehen haben, regt sich nicht darüber auf? Personen des öffentlichen Lebens, die es wagen zu differenzieren, werden von der Empörung überrollt. YouTube und Facebook haben begonnen, das Video und seine unzähligen Kopien zu löschen. Zu spät natürlich. Wie ein Virus hat es längst das ganze Netz infiziert. Der Chef von X hat sich sogar bemüßigt gesehen, auf seiner Plattform das Video höchstpersönlich zu teilen. #FreedomOfSpeech #ShareTheTruth

Es wird noch einen Tag dauern, bis es neue Wahlumfragen gibt, aber auch diese werden kommen, und ihr Ergebnis wird garantiert angsteinflößend.

Yasiras Hintern ist schon ganz kalt, als sie endlich von der Toilette aufsteht. Wie dumm von mir, denkt sie nur. Wie dumm. Morgen wird sie das Handy nicht mit ins Bad nehmen.

Zara sitzt schon am Küchentisch und frühstückt. Genauer gesagt liegt das, was sie Frühstück nennt – ein Knäckebrot ohne etwas drauf –, unangetastet vor ihr auf dem Teller, und sie starrt ebenfalls auf ihr Handy. Wie so oft. Aber jede Zurechtweisung würde scheinheilig klingen, also sagt Yasira nichts.

Die Küche ist recht groß und ersetzt in vielerlei Hinsicht das fehlende Wohnzimmer. An der Wand hinter Zara hängt der Fotokalender mit den Einblicken in das glückliche Familienleben von Yasiras Schwester Dalia. Er zeigt Juli. Dabei ist es bereits Oktober. Yasira blättert um.

»Hast du's schon gesehen?«, fragt Zara, ohne von ihrem Handy aufzublicken. »Dieses Video, meine ich.«

Yasira nickt. »Gestern Abend. Aber wieso weißt du davon? Du solltest so was nicht anschauen.«

»Mama, alle haben es gesehen! Man kann nicht ins Internet, ohne auf das Video oder Kommentare dazu zu stoßen.«

Yasira seufzt.

»Es ist so …«, beginnt Zara, weiß dann aber nicht weiter. »Es ist einfach … fuck.«

Wann fing das eigentlich an, dass die jungen Leute alle auf Englisch fluchen? Wahrscheinlich mit Netflix. Und geschminkt hat sich Zara schon wieder wie eine … Nein. Yasira bricht ihren Gedanken ab. Das hätte ihre Mutter gedacht. Sie nicht.

Stattdessen sagt sie nur: »Ja. Fuck.«

Sie weiß, was das Video für ihre Tochter bedeutet. Eine neue Welle doofer Blicke und rassistischer Sprüche in der Bahn, in der Schule, wo auch immer sie unterwegs ist. Dabei hat Zara ja wohl überhaupt nichts mit diesem verdammten Video zu tun. Aber sie ist halt nicht blütenweiß. Manchmal fragt sich Yasira, ob Patrick überhaupt irgendwelche Gene zu seiner Tochter beigesteuert hat. Oder ist er damals schon so knauserig gewesen? Es nützt auch nur wenig, dass Yasira ihre Tochter Zara genannt hat. Ein Name, von dem sie hoffte, dass er deutsch genug für ihre Mitbürger und arabisch genug für ihre Eltern sei.

»Es wird wieder vorbeigehen«, sagt Yasira.

»Als ob«, sagt Zara nur. Zwei Worte, mit denen sie ihre Mutter zuverlässig auf die Palme bringt. Aber heute nicht.

»Ja«, bestätigt Yasira. »Als ob.«

Sie schaut aus dem Fenster. Es regnet schon wieder. Sehnsüchtig blickt sie auf den Autoschlüssel, der in einem Schälchen auf dem Küchentisch liegt. Aber natürlich wird sie auch heute wieder die Ringbahn vom Hohenzollerndamm zur BKA-Zentrale in Treptow nehmen. Das macht sie seit Jahren. Es ist ein Überbleibsel aus der Zeit, als sich Zara bei Fridays for Future engagiert hat. Irgendwann hatte Yasira die Nase voll davon, jeden Tag einen Vortrag über den CO_2-Ausstoß ihres Golfs zu hören, und sich ein BVG-Abo geholt. Man kann eben nur eine gewisse Anzahl Nachrichten und Bilder über ausgetrocknete Flüsse und tote Eisbären ertragen, bevor man klein beigibt. Jedenfalls ist das bei Yasira so gewesen. Andere Menschen scheinen da resistenter zu sein. Inzwischen wünscht sich Yasira diese engagierte Phase im Leben ihrer Tochter zurück. Es war besser gewesen als diese neue Resignation. Zaras Hoffnungslosigkeit schmerzt sie. Sollte man mit sechzehn nicht noch daran glauben, dass man die Welt ändern kann? Und zumindest bei Yasira hat Zara Erfolg gehabt, oder nicht? Nun ja. Ein bisschen Regen hat noch niemanden umgebracht. Sie nimmt also einen Schirm statt des Autoschlüssels mit.

»Mama«, sagt Zara, als Yasira schon an der Tür steht.

»Ja, mein Kind?«

»Pass auf dich auf.«

Seltsam. Das sagt sie doch sonst nie. Aber Yasira kann es

nachvollziehen. Es fühlt sich richtig an. Irgendetwas gerät aus den Fugen. Man spürt es förmlich in der Luft.

»Du auch, mein Schatz«, erwidert sie deshalb. »Du auch.«

DAS BUNDESKRIMINALAMT

Der Hauptstadt-Ableger des BKA hat in der Nähe des Treptower Parks sein Zuhause gefunden. Der Staatsschutz und die Sicherungsgruppe residieren auf einem alten Kasernengelände. Wie bei vielen Gebäuden in Berlin kann man anhand seiner Vergangenheit die Geschichte des 20. Jahrhunderts nachzeichnen. Vor dem Ersten Weltkrieg war der Gebäudekomplex für das Erste Telegraphen-Bataillon der preußischen Armee gebaut worden. Yasira hat in ihren Anfangstagen mal gegoogelt, was das sein sollte, ein Telegraphen-Bataillon. Es hat sich wohl tatsächlich um Truppen gehandelt, die im Krieg für Bau oder Störung von Telegrafieanlagen zuständig waren. Ein Berufsstand, der gänzlich aus der Welt verschwunden ist. In der Weimarer Zeit war das Gelände dem Polizeipräsidenten von Berlin unterstellt gewesen. Vor hundert Jahren liefen hier also schon mal Kollegen durch diese tristen Flure. Dann kamen die Nazis und mit ihnen die Wehrmacht. Später die Rote Armee. Und die sowjetische Denkmal-Bauverwaltung. Die Nähe zum sowjetischen Ehrenmal im Treptower Park ist also kein Zufall. Wahrscheinlich wollte der zuständige Sachbearbeiter einen kurzen Weg vom Büro zur Baustelle haben. Anschließend zog die Volkspolizei ein, später Grenztruppen der DDR, nach der Wende die Bundeswehr. Dann waren zeitweilig Asylbewerber hier untergebracht und seit der Jahrtausendwende das Bundeskriminalamt. Zumindest ein Teil des BKA. Der Teil, mit dem sie nichts mehr zu tun haben wollte. Der Teil, in dem Patrick noch immer arbeitete. Die Personenschützer.

Yasiras Abteilung hingegen, eine Art Querschnittsreferat für alle möglichen Ermittlungen, die aus unterschiedlichsten Gründen in Berlin und nicht im Hauptquartier in Wiesbaden stattfinden sollen, ist ganz in der Nähe in den sogenannten Treptowers untergebracht. Ein auch nicht gerade lebensbejahender Büroturm, in dem man eine Versicherung vermuten würde – und tatsächlich hatte vormals die Allianz hier gehaust. Hübsch kann man das Gebäude, in dem Yasira arbeitet, also nicht nennen. Eher wuchtig. Massiv. An grauen Tagen wie heute auch deprimierend. Nur der Blick aus den Fenstern auf die Spree, der ist Gold wert.

Auch im Büro ist das Video Thema Nummer eins. Immerhin aus einer anderen, einer kriminalistischen Perspektive. Ihre Kollegin Jenny Winkler berichtet bei einem Kaffee in der kleinen Küche des Büros, dass es wohl bislang keine brauchbare Spur gibt. Weder zu Lena noch zu den Tätern. Dann driftet das Gespräch aber schnell zu anderen Dingen. Immer wieder faszinierend, wie man vom totalen Horror zu absoluten Banalitäten kommen kann.

Jenny ist Yasiras liebste Kollegin. Fast schon eine Freundin. Heute hat sie mal wieder heftige Augenringe. Das liegt hauptsächlich an den drei Kindern, darunter ein Zweijähriger, die ihr auf der Nase herumtanzen.

»Wie schaffst du es nur trotz allem, immer pünktlich um acht bei der Arbeit zu sein?«, fragt Yasira.

»Bin schon seit drei Stunden wach«, ist Jennys knappe Antwort. »Für mich ist hier zu sein wie Urlaub.«

»Tatsache?«

»Mhm«, macht Jenny. Sie nippt an ihrem Kaffee. »Gab's damals, als deine Tochter klein war, eigentlich schon diese Töpfchen, die Musik machen, wenn man reinpinkelt?«

»Klar. Unseres hat immer Lambada gespielt. Wieso?«

»Wenn die Batterie fast leer ist, dann klingt es nicht mehr wie Lambada oder in unserem Fall ›Für Elise‹ …«

»Oh! Ihr habt selbstverständlich die Bildungsbürgervariante«, stichelt Yasira. Jennys Mann ist Arzt an der Charité und ein furchtbarer Snob.

»Shh«, macht Jenny nur. »Du bist doch hier die Langweilerin, die gerne Klassik hört. Jedenfalls klingt, was das Töpfchen fabriziert, nicht mehr wie ›Für Elise‹, sondern wie so ein altes 56 k-Modem, das sich ins Internet einwählt. Kannst du dich an diesen Sound erinnern?«

»Dunkel.«

»Ich frage mich gerade«, sagt Jenny, »was Beethoven wohl davon halten würde, dass seine Komposition heutzutage Kleinkinder zum Pullern bringen soll?«

»Und ich frage mich, ob mein Töpfchenhersteller damals Kaoma die Lizenzrechte für Lambada abgekauft hat«, sagt Yasira. »Wie sah die Anfrage aus: *Sehr geehrtes Management von Kaoma, wir sind einer der weltweit führenden Hersteller von singenden Töpfchen, und wir würden gerne Ihr Lied Lambada für eines unserer Produkte lizensieren?*«

Jenny lacht.

»Jedenfalls«, fährt sie danach mit ihrer Geschichte fort, »hat das Töpfchen heute Nacht aus mir schleierhaften Gründen begonnen, Musik zu machen. Ganz ohne Benutzung. Trocken quasi. Und diese schräge Version von ›Für Elise‹ hat sich in mein Gehirn gebrannt, und jetzt habe ich einen Ohrwurm davon.«

»Na, du weißt ja, was gegen einen Ohrwurm hilft«, sagt Yasira im Weggehen.

»Oh, nein, nein!«, ruft Jenny. »Tu das nicht.«

Yasira dreht sich noch mal um und sagt: »Ein belegtes Brot mit Schinken.«

Mit der noch halb vollen Kaffeetasse in der Hand betritt Yasira ihr kleines Büro. »Ein belegtes Brot mit Ei«, murmelt sie. Ah, verdammt! Wer anderen eine Grube gräbt ... »Das sind zwei belegte Brote ...« Jetzt hat sie selbst einen Ohrwurm.

Sie setzt sich an den Schreibtisch und versucht sich auf die Arbeit zu konzentrieren. Es hilft nicht, dass Michael Becker, ihr Kollege, am Schreibtisch gegenüber laut schmatzend seine Leberwurststulle verschlingt. Leberwurst ... Brrr! Yasira schüttelt es allein beim Gedanken daran. Michael ist Mitte fünfzig und DDR-Nostalgiker. Nein, das ist nicht ganz richtig. Er verbrachte seine ersten zwanzig Lebensjahre in der DDR. Das hat ihn geprägt. Und das merkt man an allen Ecken und Enden und an den Leberwurststullen. Aber dass er dem Arbeiter-und-Bauern-Staat nachtrauert, kann man wirklich nicht sagen. Im Gegenteil. Michael scheint sich in den Neunzigern mit westlicher – das heißt amerikanischer – Kultur vollgesaugt zu haben, wie ein trockener Schwamm, den man mit Cola übergießt. Er isst zu viel Junkfood, glotzt zu viel TV und bewegt sich zu wenig. Selbstverständlich ist er wie viele Kollegen latent rassistisch, aber auf eine irgendwie nette Art. Man merkt, dass keine böse Absicht dahintersteckt. Er kapiert es nur nicht. Doch wenn man ihn freundlich darauf hinweist, dass auf der Packung nun schon seit Jahren »Schokokuss« steht, dann sagt er: »Ja, klar. Schokokuss. Mein ich doch«, und tut nicht so, als würde man von ihm verlangen, sich mit dem letzten Porträt seiner verstorbenen Mutter den Hintern abzuwischen. Viel wichtiger ist sowieso Folgendes: Michael ist loyal. Er hält immer zu Yasira. Auch wenn sie mal was verbockt. Was durchaus vorkommt.

»Hast du den Bericht schon fertig?«, fragt er.

»Wollte mich gerade dransetzen.«

Bei ihrem letzten Fall hatten sie es mit einem selbst ernannten Reichsbürger zu tun, der in seinem kleinen Reich im Vorland des Thüringer Waldes große Mengen an Waffen und Sprengstoff gehortet hatte. Sie waren auf seine Spur gekommen, als er versuchte, zweihundert weitere Handgranaten auf dem Schwarzmarkt zu erstehen. Ein wirklich unangenehmer Typ. Am Ende brauchten sie die GSG 9, um den Kerl aus seiner Festung zu kriegen.

»Was hältst du von dem Video?«, fragt Michael.

»Was ich davon halte?«, fragt Yasira. »Was ist das für eine Frage? Ich finde es furchtbar …«

»Ja, klar«, sagt Michael. »Ich meine, wieso macht man so was?«

»Du meinst, warum werden Frauen seit jeher und überall auf der Welt von Männern vergewaltigt?«

»Nein. Ich meine, warum lädt jemand solche Aufnahmen ins Netz hoch? Das verstehe ich nicht.«

»Ganz ehrlich?«, erwidert Yasira. »Das verstehe ich bei neunundneunzig Prozent der Sachen nicht, die die Leute ins Netz stellen.«

»Ja, aber …«

»Ich weiß schon, was du meinst. Welcher Verbrecher veröffentlicht ein Beweisvideo seiner Tat.«

»Genau.«

»Nun, vielleicht haben sich die Typen gestritten? Das legt das Ende des Videos nahe. Vielleicht war derjenige, der alles gefilmt hat, aus irgendeinem Grund wütend auf die anderen und hat es deshalb hochgeladen. Aber ehrlich gesagt vermute ich, dass keiner der vier Täter, und ich zähle den Filmenden dazu, die Aufnahme ins Netz gestellt hat. Wahrscheinlich hat es der unbekannte Vierte nur mit irgendjemandem geteilt. Diese Person hat es anderen Leuten geschickt und so weiter. Irgendwann war dann in dieser Kette ein Trottel, der dachte, es sei eine gute Idee, dieses Video zu veröffentlichen.«

Michael nickt nachdenklich. »Schöne neue Welt.«

Hat Yasira das heute früh nicht auch schon gedacht? Wahrscheinlich ist es ein Zeichen dafür, dass man alt wird, wenn man so was denkt.

Kaum hat sie begonnen, ihren Bericht über den renitenten Reichsbürger zu verfassen, da klingelt ihr Telefon. Sie hat den Anruf nicht erwartet, aber als er kommt, ist sie nicht überrascht. Der Chef bestellt sie in sein Büro. Yasira legt auf und wirft Michael einen vielsagenden Blick zu. Ihr Kollege, der gerade von einer weiteren Leberwurststulle abbeißt, schüttelt nur den Kopf.

»Nein, nein, nein«, sagt er mit vollem Mund. »Nicht wir. Sag, dass wir noch Zeit brauchen, um die Reichsbürgergeschichte abzuschließen.«

Yasira zuckt mit den Schultern. Falls der Chef sich entschieden hatte, war da nichts zu machen, und Michael wusste das natürlich.

»Nicht wir«, fleht Michael nochmals, als Yasira schon in der Tür steht. »Bitte nicht wir.«

DER CHEF

Der Fall ist politisch heikel, denkt Yasira auf dem Weg zu ihrem Vorgesetzten. Dass sie leitende Ermittlerin werden soll, ist eine logische Wahl. Eine gute Wahl. Dass ihre Eltern aus dem Nahen Osten stammen und nicht aus Afrika – geschenkt. Dass sie selbst in Deutschland geboren ist und ihr ganzes Leben hier verbracht hat – Details. Sie ist die Vorzeigemigrantin. Hauptkommissarin beim BKA. Aber vielleicht geht es ja doch um etwas ganz anderes. Vielleicht hat sie Glück, und der Chef will ihr nur nachträglich zum dreiundvierzigsten Geburtstag gratulieren. Als ob.

Das Büro ihres Vorgesetzten ist ein wenig größer als ihr eigenes, aber auch nicht gerade luxuriös. Allerdings hat er es für sich allein.

Der Chef ist nicht der Oberboss, nicht der Präsident des BKA, nicht mal der Leiter der Berliner Filiale. Kriminaldirektor Stefan Gebhardt ist eigentlich nur Yasiras Referatsleiter. Aber alle nennen ihn *den Chef*. Er ist ein kräftiger Typ Anfang sechzig und eben sehr chefig. Gebhardt fördert seine Leute, er schützt sie, aber wenn man Scheiße baut, dann gibt's einen Wutanfall, für den die alten Griechen das Wort »cholerisch« erfunden haben.

Jeden Montag und Donnerstag rasiert er sich morgens die Stoppeln seiner Halbglatze weg. Offensichtlich lebt er allein und muss das Manöver selbst durchführen, denn manchmal bleibt am Hinterkopf ein kleines Büschel Haare stehen. Bislang brachte aber nie jemand den Mut auf, ihm das zu sagen. Doch heute ist bei der Rasur alles glattgegangen. Yasira kann das gut beurteilen, da der Chef ihr den Rücken zugewandt hat und aus dem Fenster blickt. Es ist wie in einem Film. Wie lange er wohl schon nach draußen gestarrt hat, um jetzt diese dramatische Drehung machen zu können? Der Chef wendet sich ihr zu.

»Ich nehme an, Sie haben das Video gesehen«, sagt er.

Yasira nickt. Sie hat also richtig vermutet.

»Ich will Ihnen nichts vormachen«, sagt Gebhardt. »Die Innenministerin persönlich hat angeregt, die Ermittlungen von einer ›Nicht-Deutschen‹ leiten zu lassen.«

Das Kompositum »Nicht-Deutsche« begleitet der Chef mit Anführungszeichen in der Luft. Yasira erwidert nichts. Sie fragt sich, ob es von gesellschaftlichem Fortschritt zeugt, dass sie immerhin nur noch in Anführungszeichen eine Nicht-Deutsche ist.

»Indem man Ihnen den Fall übergibt«, fährt Gebhardt fort, »wollen mein Chef und der Generalbundesanwalt und die Innenministerin zeigen, wie liberal und progressiv sie sind. Wie wenig mit Vorurteilen behaftet.«

»Verstehe«, sagt Yasira. Die Chefetage versucht, der vorhersehbaren Kritik von links, in der Polizei gebe es rassistische Tendenzen, von vornherein den Wind aus den Segeln zu nehmen.

»Und wenn man bedenkt, wie unsere Behörde angefangen hat«, sagt Gebhardt, »ist das eigentlich eine positive Entwicklung.«

Yasira nickt. Wenn man bedenkt, wie viele Ex-Nazis zu Beginn der Bundesrepublik das BKA bevölkerten, meint der Chef wohl, spricht es aber nicht aus. Natürlich weiß Yasira über die braunen Ursprünge ihrer Behörde Bescheid. Noch in den Sechzigerjahren ist mit Paul Dickopf ein ehemaliger SS-Untersturmführer Präsident des BKA gewesen. Paul Dickopf. Was für ein Name. Wie sich später herausstellte, war Dickopf zur selben Zeit auch als Informant für die CIA tätig gewesen. Einer dieser Typen, die es schafften, immer oben zu schwimmen. Die Außenstelle in Meckenheim war in der Paul-Dickopf-Straße gewesen. Auf Antrag des BKA wurde die Straße 2011 umbenannt. Spät, aber immerhin. Und der Chef, Yasiras Chef, war damals eine der treibenden Kräfte hinter der Umbenennung. Er ist schon in Ordnung.

»Ich möchte noch hinzufügen«, sagt Gebhardt und lächelt, »dass ich mich geweigert hätte, diesem Wunsch nachzukommen, wenn ich den Fall nicht gleichzeitig an eine meiner fähigsten und kompetentesten Beamtinnen hätte übergeben können.«

Ist fähig und kompetent nicht irgendwie dasselbe, fragt sich Yasira, nickt aber artig. Ein Kompliment vom Chef sollte man nicht auseinandernehmen.

»Vielen Dank.«

Fähig und kompetent also. Der Chef ist wirklich schwer in Ordnung. Und wahrscheinlich will er das Richtige tun, indem er ihr die Angelegenheit überträgt. Allerdings hat

Yasira auch gehörigen Respekt vor der Aufgabe, die sie übernehmen soll. Gebhardt kann das anscheinend riechen.

»Sehen Sie es so«, sagt er. »Der Fall ist auch eine große Chance. Und ich verspreche Ihnen die nötigen Mittel, das nötige Personal ... Natürlich auf dem kurzen Dienstweg.«

»Becker und ich stecken leider noch in den Nachwehen dieser Reichsbürgergeschichte ...«, erwidert Yasira zaghaft, mehr, um es für ihren Kollegen zumindest versucht zu haben, als wirklich auf einen Erfolg hoffend.

»Unsinn«, fährt der Chef dazwischen. »Sagen Sie Becker, er soll seinen fetten Arsch hochkriegen.«

»Darf ich fragen, warum der Fall nicht nach Wiesbaden ...«

»Wir sind näher dran«, unterbricht Gebhardt ihre Frage. »Außerdem will die hohe Politik ein Auge auf uns haben. Also schnappen Sie die Bastarde. Finden Sie das Mädchen. Und zwar schnell.«

Yasira nickt, steht auf und geht zur Tür.

»Und, Frau Saad ...«, sagt Gebhardt noch.

Yasira dreht sich um.

»... der Fall ist explosiv. Passen Sie auf, dass er uns nicht um die Ohren fliegt.«

OPFER UND TÄTER

Sieben Leute tummeln sich im Besprechungszimmer mit dem großen Whiteboard. Der Raum ist karg und irgendwie trostlos. Aber vielleicht ist das ganz gut so. Es gibt keinerlei Ablenkungen. Yasira blickt in die Gesichter der anwesenden Personen am ovalen Tisch. Das also ist ihr Team. Allesamt Kolleginnen und Kollegen, mit denen sie schon mal zusammengearbeitet und gute Erfahrungen gemacht hat. Über die Hälfte der Anwesenden ist weiblich, womit sie fast alle Frauen ihrer Abteilung eingesammelt hat. Außer Silke. Niemand mag Silke. Ist das Mobbing? Sei's drum. Wahrscheinlich wählt sie AfD.

Jenny ist natürlich im Team. Dann Timo Schenk, ein junger Kollege mit kurzen Stoppelhaaren, der sich unbedingt beweisen will. So sehr, dass er sich, als er noch in der Filiale in Meckenheim arbeitete, freiwillig für die Identifizierungskommission gemeldet hat. Die IDKO wird immer aktiv, falls es bei Unfällen, Naturkatastrophen oder Terroranschlägen deutsche Opfer gibt. Dann fliegen die Experten an den Ort des Geschehens, um die Identität der Toten zu bestimmen. Wenn nach solch einem Vorfall die Zahl der deutschen Opfer in den Nachrichten auftaucht, dann denkt keiner daran, dass das nur möglich ist, weil jemand vom BKA dorthin gereist ist, um anhand von Körperresten und DNA-Spuren die Leichen zu identifizieren. Es ist einer der härtesten Jobs, die Yasira sich vorstellen kann. Selbst Timo hat es nur drei Jahre ausgehalten. Ein Nebeneffekt ist, dass ihn kaum noch etwas schocken kann. Außerdem hat er keine Kinder, was ihn dafür qualifiziert, auch mal eine Nachtschicht zu übernehmen. Neben Timo sitzt Karsten Seiler, ein etwas korpulenterer Waffennarr, der passenderweise eine Lache wie ein Maschinengewehr hat. Aber er lacht nicht mehr so viel wie früher. Irgendwie ist ihm der Enthusiasmus in seinen dreißig Dienstjahren abhandengekommen. Vielleicht ist es die Serienmörderin gewesen, die er hauptverantwortlich gejagt hat. Sechzehn Jahre lang hat sie in ganz Europa ihr Unwesen getrieben. Immer wieder fand man an Tatorten Spuren ihrer DNA. Die Verbrecherin schien so genial wie Professor Moriarty. Man konnte sie einfach nicht dingfest machen. Am Ende aber stellte sich heraus, dass die DNA nur einer nicht sauber arbeitenden Packerin der Firma gehörte, welche die zur DNA-Analyse eingesetzten Wattestäbchen produzierte. Es muss unglaublich frustrierend gewesen sein.

Und schließlich sind da noch die Katjas. Katja Jürgens und Katja Grebe. Von ihren Vornamen abgesehen, könnten sie unterschiedlicher kaum sein. Die eine groß, die andere klein, die eine stabil, die andere zierlich, die eine laut, die andere leise. Trotzdem haben sie sich irgendwie gefunden und treten fast nur im Doppelpack auf. Junge Kolleginnen, die, wie der Chef wohl sagen würde, fähig waren – und kompetent. Es gab im ganzen BKA niemanden, der so gründlich recherchierte wie die Katjas. Sie hatten gemeinsam die anstrengende Ausbildung in Wiesbaden durchlaufen. Das schweißt zusammen. So war es auch bei Jenny und Yasira gewesen.

Als Letzter kommt ihr Bürokollege Michael ins Besprechungszimmer und stellt mit großer Geste eine Vorratspackung Schokoküsse auf den Tisch.

»Na, dann mal los«, beginnt Yasira. »Wir sind vollständig.«

»Die glorreichen Sieben«, sagt Michael, als er sich setzt.

Yasira wendet sich dem Whiteboard zu. Dort hängen schon ausgedruckte Bilder der Männer aus dem Video. Jenny, die sich bedeutend besser mit Computern auskennt als Yasira, hat sie aus dem Clip gezogen.

»Das sind unsere Tatverdächtigen«, sagt Yasira.

»Äh, sorry«, sagt Timo. »Wir haben doch die Tat auf Video. Wir alle haben die Kerle gesehen. Müssen wir wirklich von Tatverdächtigen sprechen? Können wir nicht einfach Täter sagen?«

»Von mir aus können wir auch von Tätern sprechen. Es gibt vier davon. Die Boulevardpresse hat ihnen dankenswerterweise auch schon Namen gegeben.«

Yasira zeigt auf den ersten Täter. Im Video ist es der Mann links, der Lena festhält. Der mit der Baseballcap.

»Das hier ist der Mützenmann.«

»Eigentlich ist das ja keine Mütze, sondern eine Kappe«, sagt Katja Jürgens. »Warum haben sie ihn nicht Kappenmann genannt?«

»Ich weiß es nicht«, sagt Yasira, von den Unterbrechungen leicht genervt. »Frag die BILD.«

»Die stehen einfach auf ihre Alliterationen«, sagt Karsten. »Heizhammer, Klima-Kleber, Mützenmann.«

»Sie hätten ihn auch Kappenkerl nennen können«, wirft Michael ein.

»Konzentration bitte«, ruft Yasira. Sie deutet auf das zweite Foto. Es ist der Vergewaltiger mit dem Lockenkopf.

»Das ist der Lockenmann.«

Diesmal unterbricht niemand, also fährt sie fort und zeigt auf das Foto des dritten Täters, den mit dem Comic-Hund auf dem Pullover.

»Und das ist Snoopy.«

Yasira deutet auf ein Fragezeichen auf einem weißen Blatt Papier.

»Dann ist da noch der Kameramann. Von ihm haben wir leider weder Bild noch Stimme.«

Sie heftet ein weiteres weißes Blatt Papier an. Darauf ist ein Fragezeichen neben einem Pfeil nach oben zu sehen.

»Und schließlich gibt es noch denjenigen, der das Video als Erster ins Netz hochgeladen hat. Nennen wir ihn den Uploader.«

»Möglicherweise einer der Täter«, sagt Katja Jürgens. »Zum Beispiel der Kameramann.«

»Ja, möglicherweise«, erwidert Yasira. »Aber das ist überhaupt nicht zwingend.«

Sie zieht eine gestrichelte schwarze Linie zwischen den Tätern und dem Uploader.

»Das Motiv des Uploaders ist auch noch völlig unklar. Wenn es der Kameramann war, hat er die Aufnahme vielleicht aus Rache veröffentlicht? Ging der Streit der Männer, dessen Zeuge wir am Ende des Videos werden, nach der Aufzeichnung weiter? Oder falls eine fünfte Person der Uploader war, wie kam sie an das Video? Wurde es über Messenger geteilt? Und warum hielt sie es für eine gute Idee, das Video zu veröffentlichen?«

Yasira wechselt auf die andere Seite des Whiteboards. Dort hängt ein Bild des Mädchens. Pietätvoll, wie sie eben ist, hat Jenny das Bild nicht aus dem Video gezogen, sondern wahrscheinlich aus Lenas Instagram-Account gefischt.

»Und das ist unser Opfer. Lena Palmer. Sechzehn Jahre alt. Vermisst gemeldet seit fünf Tagen.«

»Palmer«, sagt Michael. »Wie die Tote aus *Twin Peaks*. Laura Palmer.«

Yasira nickt. Das hat natürlich keinerlei Bewandtnis. Aber es ist ihr auch schon aufgefallen. Alle Kolleginnen und Kollegen unter dreißig gucken nur verständnislos. Egal. In ein paar Tagen werden irgendwelche zynischen Memes sie aufklären.

»Ich will, dass wir in Schichten arbeiten – rund um die Uhr«, sagt Yasira. »Einer aus diesem Team wird immer am Fall sein. Wenn etwas Wichtiges passiert, möchte ich informiert werden, völlig egal, wie spät es ist.«

Die Entführung und Ermordung Hanns Martin Schleyers durch die RAF ist zwar fast fünfzig Jahre her, aber im BKA ist das Versagen von einst immer noch als abschreckendes Beispiel im Lehrprogramm. An einem Freitag ging damals der entscheidende Hinweis auf das Versteck, in dem Schleyer gefangen gehalten wurde, bei der zuständigen Sonderkommission des Landes NRW ein. Bearbeitet wurde er jedoch erst am Montag. Da war es zu spät. Das Versteck aufgegeben. Die Spur kalt.

Yasira wird das nicht passieren.

»Timo macht die erste Nachtschicht.«

»Warum überrascht mich das nicht?«, fragt Timo.

»Michael und ich fahren gleich im Anschluss nach Halberstadt und besuchen Lenas Vater. Die Katjas versuchen die Identität der Täter herauszufinden. Sprecht bitte auch mit den Fachleuten in Wiesbaden. Vielleicht können sie anhand des Dialekts der Männer auf eine Herkunftsregion schließen.«

»Natürlich«, sagt Katja Jürgens.

»Jenny, du klemmst dich hinter den Uploader«, fährt Yasira fort. »Wann ist das Video zum ersten Mal aufgetaucht? Wo? Wer hat es hochgeladen? Mach ihn ausfindig. Vielleicht kommen wir über ihn an die Täter ran.«

Jenny nickt. »Wenn wir sehr viel Glück haben«, sagt sie, »finde ich eine Version des Videos mit intakten Metadaten. Dann würde uns die Datei Ort und Zeitpunkt der Aufnahme verraten.«

»Ich bezweifle, dass der Uploader so nachlässig war«, meint Timo.

»Lass mich doch hoffen«, erwidert Jenny. »Du weißt, wie doof Kriminelle manchmal sind.«

»Wir hoffen also«, fährt Yasira fort. »Tausch dich mit dem technischen Dienst aus.«

»Natürlich.«

Die IT-Jungs sind nicht gerade Yasiras liebste Kollegen. Zu viele Fachbegriffe, zu wenig Einfühlungsvermögen. Ihre

Expertise wird aber wichtig sein, darum ist Yasira froh, dass Jenny gut mit ihnen klarkommt.

»Timo, wir brauchen das Bewegungsprofil von Lenas Handy«, fährt sie fort. »Ist mir egal, wie wir drankommen. Richterliche Anordnung, BND, PRISM. Schnuppe. Ich muss wissen, wo das Mädchen war.«

»Ich werde sehen, was ich tun kann.«

»Es gehen auch schon laufend Hinweise aus der Bevölkerung ein. Du koordinierst sie. Sorge dafür, dass die Kollegen jedem einzelnen nachgehen.«

»Alles klar, Boss«, bestätigt Timo.

»Karsten, du versuchst etwas über den Tatort herauszufinden. Gibt uns das Grünzeug im Hintergrund des Videos irgendeinen Anhaltspunkt über den Ort des Verbrechens? Wo steht dieser Tisch?«

»Wie soll ich das denn rausfinden?«, fragt Karsten.

»Was weiß ich«, erwidert Yasira. »Das ist dein Problem. Schick die Kollegen wandern! Geh selbst spazieren. Lass dir was einfallen. Nimm Halberstadt als Ausgangspunkt, und vergrößere dann sukzessive den Radius.«

Karsten seufzt.

»Du weißt«, sagt Yasira, »all unsere schöne Kriminaltechnik nützt uns wenig, solange wir keinen Tatort haben.«

»Ich tu mein Bestes.«

»Und schau, ob du die Marke der Bierflaschen auf der Bank identifizieren kannst. Wenn wir Glück haben, ist es was Regionales.«

»Wahrscheinlich sind es Beck's-Flaschen, die uns kein Stück weiterbringen.«

»Möglich. Finde es raus.«

»Darf ich mich da auch praktisch betätigen?«, fragt Karsten. »Großeinkauf bei Getränke Hoffmann?«

»Tu, was du für sinnvoll erachtest. Aber das Wichtigste ist der Tatort. Finde den Tatort.«

Karsten nickt.

»Der Fall bekommt immense öffentliche Aufmerksamkeit«, fährt Yasira fort. »Es versteht sich von selbst, dass niemand von uns den Medien irgendwelche nicht abgesprochenen Kommentare gibt. Der Chef entscheidet, wann und welche Infos die Pressestelle bekommt.«

Yasira blickt in die Runde. »Holt euch so viel Verstärkung, wie ihr braucht. Wir müssen schnell sein.«

Allgemeines Nicken.

»Ich will euch nicht anlügen«, fährt sie fort. »Das ist ein richtiger Scheißfall. Das ganze Land guckt uns auf die Finger. Wenn wir's verbocken, wird das nicht nur für uns Konsequenzen haben. Aber wir haben hier auch eine Chance. Wir können zeigen, dass der Rechtsstaat schnell und hart zuschlagen kann. Dass kein Verbrechen ohne Strafe bleibt.«

Als ob, würde ihre Tochter jetzt sagen. Yasira kann in den Gesichtern ihrer Kollegen lesen, dass sie dasselbe denken.

»Ihr müsst es so sehen«, sagt sie. »Wenn es uns gelingt, das Verbrechen schnell aufzuklären, könnte das helfen, die Welle der Empörung flach zu halten.«

Vielleicht, denkt Yasira, wird dann nicht alle Vernunft aus dem Land gespült werden. Und irgendwie hat sie das Gefühl, dass ihnen dafür nicht viel Zeit bleibt.

BÄR

»Du fährst wie ein Verrückter«, schimpft Yasira, was Michael dadurch quittiert, dass er das Gaspedal noch weiter auf den Boden drückt.

»Musik?«, fragt er.

»Von mir aus«, sagt Yasira, obwohl ihr selbst der Sinn höchstens nach dem Requiem von Mozart steht. »Was willst du hören?«

»A Night at the Opera.«

Yasira klappt das Handschuhfach auf und durchsucht den Stapel CDs darin nach dem gewünschten Queen-Album.

»Du weißt schon, dass es da dieses neue Ding gibt«, sagt sie. »Man nennt es Streaming.«

»Ich habe mir dieses Album dreimal gekauft«, erzählt Michael. »Als Platte, als Kassette und als CD. Ich werde es ganz sicher nicht streamen.«

Yasira schiebt die CD in den Schlitz des Autoradios.

»Die Schallplatte habe ich mir noch zu Ostzeiten gekauft«, fährt Michael fort. »Westimport. War schweineteuer.«

»Ja, ja. Ich weiß. *Sonnenallee.* Das war dein Leben.«

»Korrekt. Ich war der Einzige in der ganzen Platte mit diesen Platten. Ich war ein Star. Dann kam die Wende, und meine Vermögenswerte sind eingebrochen. Plötzlich gab es die Musik überall.«

»Tragisch.«

Michael skippt zum elften Track, drückt aber sofort auf Pause.

»Singst du mit?«, fragt er.

Yasira stöhnt. »Muss ich?«

»Ich weiß, es ist furchtbar unangemessen, wenn man in Betracht zieht, in welcher Mission wir gerade unterwegs sind, aber wenn wir nur noch singen, wenn es passt, dann singen wir ja gar nicht mehr.«

Yasira nickt. »Na schön.«

Michael drückt auf Play, und zusammen grölen sie: »Is this the real life? Is this just fantasy?«

Nach dem Lied scrollt Yasira durch Lena Palmers Instagram-Account. Nichts Außergewöhnliches. Lena in unterschiedlichen Schminkvarianten, die üblichen Teenieposen, leckeres Essen, am häufigsten Lasagne, Urlaub, meist Ostsee. Nicht viele Fotos mit Freundinnen. Einzig mit einem schwarzhaarigen Mädchen scheint Lena eng zu sein. Aber alles in allem sind es Bilder, die man so ähnlich auch auf Zaras Instagram-Account finden könnte. Nur hat Lena eine orange-weiß getigerte Schmusekatze. Was allerdings auffällig ist: Vor ungefähr einem halben Jahr wurden Lenas Posts spärlicher.

Michael und Yasira sind schon fast in Halberstadt angekommen, als Timo anruft. Yasira stoppt die Musik und stellt das Gespräch auf Lautsprecher.

»Ich weiß nicht, ob es wichtig ist«, sagt Timo. »Aber es

gibt da so ein neues Video. Das gucken gerade viele Leute. Ich schick's dir auf dein Handy.«

Yasira erwartet das Schlimmste. Was ist es diesmal? Noch eine Vergewaltigung? Sie klickt auf den Link. Aber erst mal muss sie Werbung für eBay anschauen. Es ist wirklich ein Trauerspiel, dass sich das BKA keinen YouTube-Premium-Account leistet. Was sie dann sieht, ist keine weitere Vergewaltigung. Ins Bild läuft ein kräftiger weißer Typ mit kurzen braunen Haaren, ein Pumper. In Camouflage. In seiner Hand hält er eine Maschinenpistole.

»Männer!«

Schon diese Anrede. Für wen hält sich der Typ? Grönemeyer?

»Lena Palmer hätte nicht sterben müssen. Lena hätte nicht sterben dürfen!« Er macht eine kurze Pause. »Wie lange wollen wir noch stumm erdulden, was in unserem Land, was vor unseren Augen passiert? Ich sage es euch: Keine Sekunde länger! Ich jedenfalls bin nicht mehr bereit, all die Demütigungen hinzunehmen, die man uns Tag für Tag antut.«

Der Kerl tritt näher an die Kamera heran. Wahrscheinlich hat er sich extra für dieses Video ein Selfie-Stativ bei Amazon bestellt.

»Es wird Zeit, dass wir unser Land, unsere Frauen und Töchter verteidigen. Wir haben es mit einer heimlichen Invasion zu tun!«

Gibt es nicht eine Marvel-Serie, die so heißt? Zara hat irgend so was geguckt.

»Der Staat versagt. Die Polizei wurde von Grünen und Linken kastriert. Es ist unser Recht, uns zur Wehr zu setzen. Es ist unsere Pflicht! Ich rufe euch zum aktiven Heimatschutz auf. Wenn es nötig ist, werde ich diese Verbrecher höchstpersönlich zur Rechenschaft ziehen. Folgt mir! Aktiver Heimatschutz ist das Gebot der Stunde!«

Der Typ zielt mit seiner Maschinenpistole auf die Kamera, dann senkt er sie wieder und sagt: »Nennt mich Bär. Ich gehe auf die Jagd.«

Yasira massiert sich die Schläfen.

»Was glaubt der Trottel, wo er ist?«, fragt Michael. »Texas?«

»Aktiver Heimatschutz«, schnaubt Yasira. »A. H. Adolf Hitler.«

»Könnte Zufall sein«, meint Michael.

»Zufall? Garantiert nicht. Diese Scheißnazis stehen auf ihre beknackten Zahlen- und Buchstabencodes. Enigma für Schwachköpfe.«

»Ich sage ja nur, dass es Zufall sein könnte.«

»Das Video ist genau achtundachtzig Sekunden lang, Michael. Zweimal der achte Buchstabe. H. H. Heil Hitler.«

Michael verdreht die Augen. Die 88 ist auch die selbst gewählte Hausnummer des renitenten Reichsbürgers gewesen, den sie letzten Monat festgenommen haben. Und das, obwohl die Straße, in der er wohnte, keine fünfzig Häuser hat.

»Dann hast du wohl recht«, sagt Michael. »Unser Bär scheint ein Braunbär zu sein.«

Yasira ruft Timo zurück. »Behaltet den Kerl im Auge«, sagt sie. »Schaut, ob ihr ihn identifizieren könnt. Gibt es Vorstrafen et cetera …«

»Schon dabei«, berichtet Timo.

»Und sag mal, seine Waffe, ist das eine von unseren? Die kam mir bekannt vor.«

»Ich geb dir mal Karsten.«

Kurz raschelt es, dann erklärt Karsten: »Es ist eine Heckler & Koch MP5.«

»Sag ich doch«, meint Yasira. »Eine von unseren.«

»Na ja«, erwidert Karsten. »Nicht nur die Polizei benutzt die. Auch der Zoll. Und das Kommando Spezialkräfte der Bundeswehr. Und auch sonst die halbe Welt. Ich würde sagen, nach der Uzi ist das die gebräuchlichste Maschinenpistole.«

»Frei verkäuflich wird die nicht sein«, sagt Yasira.

»Natürlich nicht. Aber wegen der weltweiten Verbreitung wird es dich nicht wundern, dass es ein großes Angebot auf dem Schwarzmarkt gibt. Einige Polizeibehörden denken auch darüber nach, die MP5 wegen ihrer vergleichsweise geringen Reichweite und Durchschlagskraft auszumustern. Die Thüringer zum Beispiel haben sie schon ersetzt.«

»Was willst du damit sagen? Dass manche der ausgemusterten Waffen ihren Weg auf den Schwarzmarkt gefunden haben?«

»Ich will gar nichts sagen«, erwidert Karsten. »Ich teile nur die Informationen, die ich habe. Was davon relevant ist, darfst du entscheiden, Chefin.«

»Hm. Sonst noch was?«

»Nur ein ... Wie nennt man das neuerdings? Ah ja, ein Fun Fact.«

»Ein Fun Fact?«

»Die Rote-Armee-Fraktion hat die MP5 in ihrem Logo verwendet.«

Yasira erinnert sich an das bekannte Logo mit dem roten, fünfzackigen Stern, darauf die Waffe, darüber die drei Buchstaben »RAF«.

»Ich dachte immer, es sei eine Kalaschnikow«, sagt sie.

»Ja, die meisten Leute glauben das. Wahrscheinlich glaubten es sogar die Mitglieder der RAF. Aber der Bekannte von Ulrike Meinhof, der das Logo gezeichnet hat, hatte offensichtlich keine Ahnung und aus Versehen die MP5 statt einer Kalaschnikow als Vorbild gewählt. Also lustigerweise die Standardwaffe des Klassenfeinds.«

Yasira muss ihr Handy ein Stück vom Ohr wegnehmen, als Karstens laute Maschinengewehrlache ertönt.

»Danke«, sagt sie danach. »Haltet uns auf dem Laufenden.«

Sie legt auf und scrollt durch die Kommentare unter dem Video. Es sind Hunderte. Bär bekommt viel Zustimmung. Sehr viel Zustimmung. Offenbar besteht das halbe Land aus Möchtegernmenschenjägern. Das macht ihr schlechte Laune. Yasira legt das Handy zur Seite und blickt zu Michael. »Fahr noch schneller.«

DER VATER

Zuerst wollen sie beim örtlichen Polizeirevier vorstellig werden. Michael folgt den Anweisungen des Navis, denn weder er noch Yasira ist schon mal in Halberstadt gewesen. Kaum mehr als vierzigtausend Einwohner hat die »Tor zum Harz« genannte Kreisstadt. Damit ist sie aber schon die sechstgrößte Sachsen-Anhalts. Sie fahren an vielen Häusern vorbei, denen man ihre DDR-Herkunft immer noch ansieht. Der Zweite Weltkrieg hat Halberstadt hart getroffen. Passenderweise fahren sie gerade auf der Straße der Opfer des Faschismus. Was für eine merkwürdige Adresse das sein muss, wenn man sie irgendwo angeben soll, denkt Yasira. Ich wohne in der Straße der Opfer des Faschismus 33. Seltsam.

Kurz vor dem Ziel muss Michael in eine kleine Kopfsteinpflasterstraße abbiegen, um zum Revier zu gelangen.

»Eine Sackgasse«, murmelt Yasira und zeigt auf das entsprechende Hinweisschild.

»Hoffentlich nicht«, murrt Michael.

Das Polizeirevier Harz ist ein großer, etwas überdimensioniert wirkender Backsteinbau. Fast erwartet Yasira Kompetenzstreitigkeiten mit den Dorfsheriffs, wie man sie aus amerikanischen Serien kennt, aber das ist natürlich Blödsinn.

Der Polizeidirektor, ein schlanker, glatt rasierter Fünfziger mit militärisch kurzen Haaren, ist heilfroh, dass er die Hoheit über den Fall abgeben kann. Er hat für Yasira und Michael sogar ein provisorisches Büro einrichten lassen.

»Ich will ehrlich sein«, sagt er. »So eine Situation hatten wir noch nicht. Das überfordert uns ein wenig.« Er kratzt sich am Kopf. »Mit der überregionalen Presse haben wir auch wenig Erfahrung.« Dann lächelt er etwas gequält. »Und es bringt ja nichts, das zu verschweigen, sie werden es sowieso bald feststellen … Wir haben bisher auch nur frustrierend wenig herausgefunden.«

In ihrem neuen Büro lesen Michael und Yasira das Protokoll des Gesprächs mit Lenas Vater, als dieser die Vermisstenanzeige aufgegeben hat. Das war drei Tage vor dem Video. Genauer gesagt, drei Tage bevor Yasira das Video gesehen hat. Jenny hat bisher noch keine Version der Aufnahme mit einem Zeitstempel in den Metadaten finden können. Es ist also nicht ganz klar, wann das Video entstanden ist.

Das Protokoll ist nicht sonderlich ergiebig. Frank Palmer weiß erstaunlich wenig über sein Kind. Er hat keine Ahnung, wohin seine Tochter am Samstagnachmittag verschwunden ist. Er war mit seinem Sohn beim Bogenschießen, als Lena das Haus verließ. Er wusste also nicht mal, welche Kleidung seine Tochter getragen und ob sie einen Rucksack oder anderes Gepäck dabeigehabt hatte. Sonntagnachmittag meldete er sie als vermisst. Das Video tauchte nach bisherigem Kenntnisstand am Mittwoch zum ersten Mal im Netz auf.

Der Revierleiter hat noch nicht nach Lena suchen lassen,

weil er keinen brauchbaren Anhaltspunkt hatte, wo man damit anfangen sollte.

Ihr Handy hat Lena zu Hause gelassen. Man konnte sie also leider nicht tracken. Das kommt Yasira komisch vor. Sie kennt keine Sechzehnjährige, die freiwillig ihr Handy zu Hause lässt. Außer sie will nicht, dass man weiß, wo sie sich aufhält. Aber vielleicht geht da die Kriminalistin mit ihr durch. Das Mädchen kann ihr Handy auch einfach vergessen haben. Zara allerdings wäre in so einem Fall sofort umgekehrt und hätte das Ding geholt. Die Kollegen haben das Gerät sichergestellt, sich aber noch keinen Zugriff verschaffen können. Es ist ein älteres iPhone, das ehemalige von Lenas Vater. Er kennt ihren Code nicht. Natürlich nicht. Yasira gibt Anweisungen, das Gerät in die Zentrale zu schicken. Vielleicht können ja die Nerds vom technischen Dienst etwas damit anfangen.

Frank Palmer, Lenas Vater, lehrt als Professor an der Hochschule Harz. Öffentliches Recht im Fachbereich Verwaltungswissenschaften. Bei seinem Sohn Emil, Lenas kleinem Bruder, wurde vor fünf Jahren eine leichte Form von Autismus diagnostiziert. Seine Frau Tanja ist vor anderthalb Jahren an Gebärmutterkrebs gestorben. Manche Familien haben das Unglück abonniert.

Yasira graut es vor dem Gespräch, aber sie wird selbst mit dem Vater sprechen müssen. Und wenn sie etwas Unangenehmes tun muss, tut sie es am liebsten gleich. Also bittet sie den Revierleiter, ihren Besuch anzukündigen, und fährt mit Michael zum Haus der Familie Palmer am Stadtrand.

Auf der Fahrt überlegt Yasira, wie sie reagieren würde, wenn ihrer Tochter so etwas zustoßen würde. Würde sie auf einen Rachefeldzug gehen wie Uma Thurman in *Kill Bill*? Würde sie sich in die Arbeit stürzen? Würde sie einfach zusammenbrechen? Manchmal, wenn Zara etwas länger ausbleibt als verabredet, dann hat sie diese dunklen Fantasien, was ihr alles passiert sein könnte. Dann muss sie sich sehr beherrschen, ihre Tochter nicht alle fünf Minuten anzurufen. Hat das jede Mutter, oder ist das eine Berufskrankheit? Hört es jemals auf, dass man sich um seine Kinder Sorgen macht? Wahrscheinlich nicht …

Vor Palmers Haus lauern schon ein paar Pressevertreter. Wortlos geht Yasira an den Mikros und Kameras vorbei, die ihr vor die Nase gehalten werden. Michael bittet die Journalisten, zurückzubleiben und Frank Palmers Grundstücksgrenze zu respektieren, was auch die gewünschte Wirkung hat. Vor der Tür sind sie wieder allein.

Schon als Lenas Vater öffnet, wirkt er auf Yasira wie ein lebender Toter. Er führt sie durch einen Flur. Aus dem Wohnzimmer hört Yasira ein Klavier. Im Vorbeigehen erhascht sie durch die Tür einen Blick auf einen etwa zehnjährigen Jungen, der an den Tasten sitzt. Das muss Lenas kleiner Bruder Emil sein. Er spielt das Präludium in e-Moll von Chopin. Ein tieftrauriges Stück, von dem sich der Komponist gewünscht hatte, dass es auf seiner eigenen Beerdigung gespielt wird. Yasiras Mutter – Pianistin in Beirut, Klavierlehrerin in Lüneburg – hat ihre Tochter gezwungen, Chopin zu üben, bis ihr fast die Finger abfielen. Eigentlich ein Wunder, dass Yasira seine Melodien immer noch mag.

Frank Palmer führt sie in die Küche. Dort ist alles blitzblank. Wahrscheinlich versuchte sich Lenas Vater irgendwie beschäftigt zu halten. Er bittet sie, Platz zu nehmen, und sie setzen sich an den Küchentisch mit der gelben Wachstuchtischdecke.

»Bevor wir beginnen …«, sagt Yasira. »Man hat Ihnen hoffentlich schon gesagt, dass wir Ihnen einen Psychologen zur Seite stellen können, der Sie und Ihren Sohn …«

Frank Palmer schüttelt kurz, aber heftig den Kopf. »Nein.« Dann wiederholt er, was er schon bei der örtlichen Polizei zu Protokoll gegeben hat. Diese Befragung allerdings hat vor dem Video stattgefunden. Die Lage ist nun weitaus schlimmer. Immer wieder ist Palmer den Tränen nahe. Mitten in der Befragung klingelt eine Küchenuhr. Palmer steht auf und zieht sich einen Küchenhandschuh über.

»Ich … äh … ich habe eine Lasagne gemacht«, sagt er. »Es ist Lenas Lieblingsessen, verstehen Sie?« Er lächelt traurig. »Schon als sie drei Jahre alt war, mochte sie nichts lieber als meine Lasagne. Aber damals hat sie immer Salanje dazu gesagt.« Er schluckt. Wie zur Erklärung fügt er hinzu: »Ich dachte, sie hat bestimmt Hunger, wenn sie wiederkommt.«

Yasira nickt. »Bestimmt.«

Frank Palmer bückt sich. Er holt eine Auflaufform mit Lasagne aus dem Ofen und stellt sie aufs Cerankochfeld. Dort steht bereits eine Auflaufform mit Lasagne. Niemand hat davon gegessen.

»Ich habe gestern schon eine Lasagne gemacht«, sagt Frank Palmer, als bemerkte er gerade erst die zweite Auflaufform. »Aber ich dachte, frisch schmeckt sie leckerer.«

Yasira nickt wieder.

Michael brummt zustimmend.

»Möchten Sie ein Stück?«

Yasira lehnt dankend ab. Sie hat keinen Hunger. Außerdem ist bestimmt Fleisch drin, und dies ist nicht der Ort und die Zeit für ein Gespräch darüber, warum sie das nicht mehr essen mag. *(Wissen Sie, meine Tochter, meine lebende Tochter, meine* nicht *vergewaltigte Tochter, die zu Hause sitzt und wahrscheinlich Netflix guckt, hat mich dazu gebracht, Vegetarierin zu werden. Sie wissen schon, wegen des Klimas.)* Nein.

Michael hingegen nimmt das Angebot dankend an. Ihr Kollege kann immer und überall mit Freude essen.

Frank Palmer reicht ihm einen Teller voll Lasagne und Besteck.

»Sicher, dass Sie nichts wollen?«, fragt er Yasira erneut. »Es ist nur Rinderhack drin.«

Sie braucht einen Moment, um zu verstehen, dass Lenas Vater offenbar meint, sie könnte aus religiösen Gründen Probleme mit Schweinefleisch haben. Wie kompliziert kann eine Lasagne sein?

Yasira schüttelt den Kopf. »Nein danke. Ich habe wirklich keinen Hunger.«

Auch Palmer selbst verzichtet.

»Haben Sie einen der Männer auf dem Video schon mal gesehen?«, setzt Yasira die Befragung fort.

Palmer schüttelt den Kopf.

»Können Sie sich vorstellen, dass Ihre Tochter einen von denen gekannt haben könnte?«, fragt Michael.

»Nein«, sagt Lenas Vater. Dann aber schluchzt er. »Doch

ich muss gestehen, dass ich es nicht mit Sicherheit sagen kann. Wir hatten uns irgendwie entfremdet im letzten Jahr.«

Yasira reicht ihm ein Taschentuch.

»Seit Tanja, meine Frau ... Lenas Mutter ... Seit Tanja gestorben ist«, fährt Frank Palmer fort, »war alles so schwer. Natürlich hat es die Kinder hart getroffen. Ich habe mich viel um Emil gekümmert. Und hatte oft einfach keine Kraft mehr. Jetzt mache ich mir deswegen schreckliche Vorwürfe. Ich habe das Gefühl, meine Tochter vernachlässigt zu haben. Dass ich mich nicht genug um sie gekümmert habe.«

»Vielleicht hilft es Ihnen«, sagt Yasira sanft, »dass fast alle Eltern von Teenagern dieses nagende Gefühl kennen.«

»Haben Sie Kinder?«, fragt Frank Palmer.

Michael schüttelt den Kopf. Yasira nickt. »Eine Tochter. Sie ist in Lenas Alter.«

»Dann können Sie vielleicht nachempfinden ...«

Palmer bricht ab. Yasira kann es nachempfinden. Viel zu gut.

»Ich kann mir kaum etwas Schlimmeres vorstellen«, sagt sie.

Frank Palmer macht eine Pause. »Ich kann mir etwas Schlimmeres vorstellen.«

Yasira schluckt. Ja. Schlimmer würde der Tag werden, wenn sie wieder an Frank Palmers Tür klingeln musste, um zu berichten, dass seine Tochter tot sei.

»In manchen Momenten ist es nur die Sorge um Emil«, erklärt Palmer, »die mich überhaupt aufrecht hält.«

»Wir werden die Männer finden ...«, beginnt Michael.

»Das interessiert mich eigentlich gar nicht«, unterbricht

ihn Palmer. »Ich meine ...« Er stockt. »... natürlich hasse ich diese Kerle. Aber eigentlich möchte ich nur wissen, was nach der Tat aus meiner Tochter geworden ist.«

»Das verstehe ich«, sagt Yasira.

»Ein Teil von mir ist fest davon überzeugt, dass sie jede Minute hier hereinspaziert«, sagt Palmer. »Darum die Salanje.« Er zögert. »Aber wenn sie noch am Leben ist, warum habe ich dann nichts von ihr gehört? Weder von ihr noch von irgendwelchen Entführern?«

»Es gibt immer Hoffnung«, erwidert Yasira, aber wahrscheinlich klingt sie nicht sonderlich überzeugend.

»Ist Hoffnung nicht das letzte Übel, das aus Pandoras Büchse geschlüpft ist?«, fragt Frank Palmer.

»Schon, aber ich glaube nicht, dass sie eines der Übel war.«

»Sie haben ja recht. Natürlich hoffe ich. Aber was, wenn ich vergeblich hoffe? Ist falsche Hoffnung nicht ein Übel?«

Yasira hat keine gute Antwort.

»Wir tun unser Möglichstes, um Ihre Tochter schnell wiederzufinden«, sagt Michael.

»Dürfen wir Lenas Zimmer sehen?«, fragt Yasira. Oft wissen die Zimmer mehr über die Kinder als die Väter.

LENA

Im Flur der Palmers hängen Familienfotos aus glücklicheren Tagen. Zu viert. Im Urlaub. Am Meer. In den Bergen. In irgendeinem Freizeitpark. Was ist das Glück nur für ein zerbrechlich' Ding. Frank Palmer öffnet die Tür zu Lenas Zimmer. Yasira und Michael treten respektvoll ein, sind die eigenen vier Wände doch das Heiligtum eines Teenagers.

Auf Lenas nicht gemachtem Bett liegt die orange-weiß getigerte Katze. Sie blickt die Eindringlinge kurz an und schließt dann wieder die Augen.

»Ich hab das Gefühl, Minka liegt hier, seit Lena verschwunden ist«, sagt Frank Palmer. »Fast könnte man glauben, sie versteht, was passiert ist.« Er hat das Zimmer nicht betreten. »Wenn es Ihnen nichts ausmacht, warte ich in der Küche. Ich ... ich ... kann nicht hier sein.«

»Selbstverständlich«, sagt Yasira.

Palmer lässt sie allein. Michael und Yasira ziehen sich Handschuhe über, um selbst keine Fingerabdrücke zu hinterlassen, und beginnen, Lenas Zimmer zu durchsuchen. Es ist nicht sonderlich groß. Auf dem Schreibtisch mischen sich Schulbücher mit Make-up-Kram. Neben einem alten MacBook steht ein Schminkspiegel.

»Smells like teen spirit«, sagt Michael.

Yasira nickt. Das Zimmer riecht tatsächlich nach Teenagerin. Es riecht sogar ähnlich wie Zaras Zimmer. Kurz muss Yasira die Augen schließen, um die Gefühle unter Kontrolle zu bringen, die das in ihr aufwühlt. Dann zupft sie einige Haare aus Lenas Bürste und packt sie in einen Plastikbeutel. Es könnte hilfreich sein, ein DNA-Profil des Mädchens zu haben.

An der Wand hängen zwei Poster. Eins ist vom *Barbie*-Film. Das andere von irgendeinem Deutsch-Rapper, den Yasira nicht kennt, der aber wahrscheinlich mehr Nummereins-Hits hatte als die Beatles. Wie Lena dessen sicherlich sexistische Texte mit der angeblich so feministischen neuen Barbie-Version in Einklang bringt, ist genauso rätselhaft wie Zaras gleichzeitige Begeisterung für Fridays for Future und strunzdumme Influencerinnen, die durch die halbe Welt jetten, nur um Selfies mit Lifestyleprodukten zu machen. Manchmal muss man Widersprüche wohl einfach aushalten. Ist Yasira nicht auch selbst voller Widersprüche? Eine emanzipierte Frau, die kitschige Musicals liebt. Eine Polizistin, die Autoritäten infrage stellt. Ist nicht jeder nur ein Haufen mit Panzertape umwickelter Widersprüche?

Das Bücherregal ist überschaubar. Harry Potter und Co. Die Wälzer sind ganz schön verstaubt. Offenbar nicht groß in Benutzung. Nur ein Buch scheint Lena häufiger hervorgeholt zu haben. Der Titel klingt nach Romantasy: *Flammengeküsst*. Yasira zieht es heraus. Dahinter findet sie ein kleines wiederverschließbares Plastiktütchen mit Resten von Gras. Diese Art flammengeküsst also. Sie zeigt Michael das Marihuana. Der nickt nur. Dann legt sie es zurück und stellt das Buch wieder davor. Nichts Ungewöhnliches. Vielleicht fände sie ein ähnliches Tütchen, wenn sie Zaras Zimmer auf den Kopf stellen würde. Und dann gäbe es wieder Krach. Dabei hätte man in Yasiras Teeniezeit auch ab und an so ein Tütchen in ihrem Zimmer finden können. Obwohl, nein, eigentlich nicht. Sie hat immer nur mit den anderen geraucht. Nie selbst gekauft. Das hätte sie sich nicht getraut. Ihr Vater wäre ausgetickt. Wäre Frank Palmer auch ausgetickt?

Yasira öffnet Lenas Kleiderschrank. Ein Haufen kurzer Kleider. Sehr kurze Kleider. Hat sie das gerade wirklich gedacht? Wie ärgerlich. Dann sind die Kleider halt kurz. Na und? Selbst wenn Lena im Bikini herumgelaufen wäre, hätte niemand ... Yasira hält inne. Sie holt ein geblümtes Kleid aus dem Schrank und zeigt es Michael.

»Sieht das nicht so aus wie das Kleid, das Lena im Video trägt?«

»Vielleicht ihr Lieblingskleid«, sagt Michael. »Hat es anscheinend doppelt.«

Yasiras Handy klingelt. Es ist Katja Jürgens. Yasira hängt das Kleid zurück und stellt das Gespräch auf Lautsprecher, damit Michael mithören kann.

»Wahrscheinlich Mali«, sagt Katja.

»Mali?«, fragt Yasira.

»Du wolltest wissen, ob unsere Experten das Französisch der Täter einer bestimmten Herkunftsregion zuordnen können, und das war die Antwort.«

»Wahrscheinlich Mali«, wiederholt Yasira.

»Korrekt.«

»Danke.«

»Ah ja. Und Karsten lässt dir ausrichten, dass es sich bei den Bierflaschen mit neunundneunzigprozentiger Sicherheit um Beck's handelt. Den Tatort hat er nicht gefunden. Ich soll dir sagen, er wandere noch.«

»Richte ihm aus, er soll schneller wandern.«

»Wird gemacht.«

Yasira legt auf.

Sie setzt sich an Lenas Schreibtisch und klappt das alte MacBook auf. Natürlich will es ein Passwort von ihr wissen. Sie blickt zu ihrem Kollegen.

»Wie heißt die Katze?«

Michael überlegt kurz. »Minka«, sagt er dann. Er hat ein erstaunlich gutes Namensgedächtnis.

Yasira gibt »Minka« ein, und das Notebook entsperrt sich tatsächlich.

»Bingo«, sagt Yasira. »Warum haben die Dorfsheriffs den Computer nicht schon mitgenommen?«

»Weil sie Dorfsheriffs sind«, sagt Michael.

»Wahrscheinlich dachten die Kollegen, sie haben es mit einer ausgebüxten Teenagerin zu tun. Sie wussten ja noch nicht von dem Video.«

Yasira klickt ein wenig auf dem Computer herum. Öffnet das Mailprogramm. Aber da ist nicht viel zu finden. Ein bisschen Schule, ein bisschen Amazon. E-Mails scheint Lena kaum verschickt zu haben. Ist E-Mail das nächste aussterbende Medium? Ihre Fotos und ihre Messenger hat Lena leider nicht mit dem Notebook synchronisiert. Ein gründliches

Durchsuchen des Computers würde trotzdem Stunden dauern.

»Frag mal, ob wir ihn mitnehmen dürfen ...«

Michael verlässt das Zimmer und kommt kurz darauf mit einer positiven Antwort zurück. Yasira hat das Notebook schon eingepackt. Alles in allem scheint Lena eine ganz normale Teenagerin zu sein.

Sie gehen zurück in die Küche. Die ganze halbe Stunde, die sie hier gewesen sind, hat Lenas Bruder immer wieder das Präludium in e-Moll wiederholt.

»Wäre es möglich, auch mit Emil zu sprechen?«, fragt Yasira.

Frank Palmer seufzt. »Er redet nicht mit Fremden, seit Lena verschwunden ist. Ihre Kollegen hatten auch schon keinen Erfolg. Selbst davor war Emil eher schweigsam. Ich bin mir sicher, dass er nichts weiß, was Ihnen helfen könnte.«

»Dürfen wir es trotzdem versuchen?«

»Ich glaube nicht, dass Emil ...«

»Ich bin ganz vorsichtig. Ich verspreche es.«

Frank Palmer hadert mit sich. Dann zuckt er mit den Schultern und führt beide ins Wohnzimmer. Emil hört sofort auf, Klavier zu spielen, und blickt die Eindringlinge mit großen Augen an. Aber wie sein Vater vorhergesagt hat, schweigt er, als Yasira ihm einige Fragen zu seiner Schwester und dem Tag ihres Verschwindens stellt. Erst als Yasira auf das Instrument deutet und fragt: »Darf ich?«, nickt Emil, steht auf und überlässt ihr die Klavierbank. Wortlos, mit einer kleinen Geste ihrer linken Hand, winkt Yasira die beiden Männer aus dem Zimmer. Dann wendet sie sich dem Notenblatt zu. Erst holperig, aber dann immer flüssiger, spielt sie selbst das Präludium in e-Moll. Aus den Augenwinkeln sieht sie, dass Emil lächelt.

»Hat dir deine Schwester vielleicht erzählt, wo sie am Samstag hinwollte?«, fragt Yasira, während sie weiterspielt. Emil schüttelt den Kopf.

»Ist sie oft einfach verschwunden am Wochenende?«

Ein Nicken.

»Hat sie dir mal verraten, wo sie hingeht?«

Kopfschütteln.

»Weißt du, ob sie einen Freund hat?«

Schulterzucken.

Auf diese seltsame Art kommunizieren sie, bis Yasira das Präludium zweimal gespielt hat. Dann gibt sie auf. Emil weiß genauso wenig über den Verbleib seiner Schwester wie sein Vater.

»Ein schönes Stück, das du da spielst«, sagt sie zum Abschied. »Traurig, aber schön.«

Im Flur wendet sie sich noch mal an Frank Palmer. »Wenn es für Sie in Ordnung ist, werden wir ein Team der Spurensicherung vorbeischicken, das einmal gründlich durch Lenas Zimmer geht. Es ist unwahrscheinlich, ich weiß, aber vielleicht finden wir irgendwelche Fingerabdrücke oder DNA-Spuren, die da nicht hingehören.«

Frank Palmer nickt nur schicksalsergeben.

Yasira gibt ihm ihre Visitenkarte.

»Falls Ihnen noch etwas auf- oder einfällt. Egal was – rufen Sie mich an.«

Lenas Vater nickt wieder.

»Könnten Sie …«, beginnt er. »Könnten Sie der Presse sagen, dass sie uns in Ruhe lassen sollen?«

»Natürlich«, sagt Michael. »Ich kann ihnen zwar keinen Platzverweis erteilen, aber wir werden mit Nachdruck zu verstehen geben, dass Sie kein Interesse an einem Interview haben.«

An der Haustür stellt Yasira, einer Eingebung folgend, Frank Palmer eine letzte Frage: »Haben Sie schon vom Aktiven Heimatschutz gehört? Von einem Mann, der sich Bär nennt?«

Palmer schüttelt den Kopf.

»Sollte ich? Sagt mir gar nichts. Nie gehört.«

Auf der kurzen Fahrt von den Palmers zu ihrem Hotel schläft Yasira fast ein. Gespräche dieser Art findet sie unglaublich kräftezehrend. Auf Michaels übliche Frage schüttelt sie nur den Kopf. Keine Hotelbar heute. Es ist ein langer Tag gewesen. Stattdessen geht Yasira auf ihr kleines Zimmer. Obwohl sie furchtbar müde ist, wühlt sie sich noch durch Lenas Computer, die diesen hauptsächlich für die Schule benutzt hat. Die ergiebigsten Daten, Fotos, Chats, Kontakte schlummern noch in ihrem ungeknackten Handy.

Kurz nach elf klappt Yasira Lenas Laptop zu und liest sich auf ihrem Handy die Berichte ihres Teams durch. Alle haben Überstunden gemacht, und trotzdem ist es bisher nicht gelungen, die Identität von auch nur einem der vier Täter festzustellen. Katja Jürgens schreibt, dass sie natürlich weitersuchen, aber inzwischen befürchten, dass es möglicherweise keine Daten zu den Tätern gibt. Das kann allerhand Gründe haben. Am wahrscheinlichsten sind eine illegale

Einreise oder natürlich Behördenversagen. Yasira tippt auf Letzteres.

Auch zum Uploader gibt es wenig Konkretes, es ist wohl, so viel kann Jenny schon sagen, eine Spur, die bewusst verwischt wurde. Erschwerend kommt hinzu, dass es unzählige Kopien gibt. »IP-Hopping«, »Proxyserver« und »Tor-Netzwerk« sind nur drei der rätselhaften Fachbegriffe, von denen es in Jennys Mail wimmelt. Über die Kommunikation mit YouTube schreibt sie: »Es ist das Haus, das Verrückte macht, und ich bin auf der Suche nach dem Passierschein A38.« Das immerhin versteht Yasira.

Obwohl sie so müde ist, weiß sie, dass sie Probleme haben wird einzuschlafen. Also beschließt sie, noch ein heißes Bad zu nehmen, um sich zu entspannen. Sie hat sich gerade ausgezogen, als ihr Handy klingelt.

Es ist Frank Palmer. Yasira hat die Nummer von Lenas Vater in ihren Kontakten gespeichert, damit ihr sein Name angezeigt wird und sie auf jeden Fall rangeht, falls er anruft.

»Hallo, Herr Palmer«, sagt sie. »Was kann ich für Sie tun?«

»Ich ... ich«, antwortet Palmer stockend. »Ich habe eine Lösegeldforderung bekommen.«

DIE BODENLOSE BÖSARTIGKEIT

Eine Lösegeldforderung? Yasira ist überrascht. »Möchten Sie, dass wir vorbeikommen?«, fragt sie.

»Nein, nein!«, ruft Frank Palmer. »Auf keinen Fall! In dem Schreiben steht, dass ich nicht die Polizei einschalten darf, sonst werden sie Lena töten.«

»Natürlich«, sagt Yasira, »das steht immer in solchen Schreiben.« Sie zieht sich den Bademantel des Hotels über. Dieses Gespräch könnte länger dauern. »Aber Sie tun das Richtige, indem Sie uns informieren.«

»Kann sein, doch bitte kommen Sie nicht vorbei. Was ist, wenn die Entführer mein Haus beobachten?«

»Ich bin mir recht sicher, dass sie das nicht tun«, sagt Yasira. »Das wäre für die Erpresser sehr riskant. Aber wir werden Ihren Wunsch natürlich respektieren und fernbleiben. Auf welchem Weg haben Sie die Lösegeldforderung bekommen?«

»Eine E-Mail.«

»Können Sie mir schnellstmöglich eine Kopie davon schicken?«

»Ich leite sie gleich an Sie weiter.« Einen kurzen Moment lang hört Yasira, wie Frank Palmer auf seiner Tastatur tippt.

Dann das bekannte Geräusch, wenn eine Mail versendet wird. Yasira hat in der Zeit schon ihr eigenes Notebook geöffnet.

»Die Erpresser verlangen hunderttausend Dollar«, sagt Palmer. »In Bitcoin. Selbst wenn ich das Geld hätte, ich weiß gar nicht, wie ich das umwandeln könnte. Was soll ich nur …?«

Yasira seufzt. Dollar. Bitcoin. Eine Lösegeldforderung, fünf Tage nachdem Lena verschwunden ist. Alles fügt sich zu einem schlüssigen Bild.

»Herr Palmer, hören Sie mir zu. Es ist leider nicht ungewöhnlich, dass für Personen, deren Verschwinden Schlagzeilen gemacht hat, falsche Lösegeldforderungen auftauchen.«

»Was?« Frank Palmers Stimme verrät seine Fassungslosigkeit.

Yasira überfliegt die Mail, die Palmer an sie weitergeleitet hat.

»Ich weiß es natürlich nicht genau, aber aufgrund der Bitcoins und des ungewöhnlichen Zeitpunkts befürchte ich, dass wir es hier mit genau solch einer falschen Forderung zu tun haben. Hier versucht jemand, Ihre Verzweiflung auszunutzen, um Sie zu schröpfen.«

»Wie? Wer könnte so grausam sein …?«

»Es tut mir leid, Herr Palmer. Die Bösartigkeit mancher Menschen ist anscheinend bodenlos.«

»Aber sind Sie sich sicher? Was, wenn die Forderung echt ist?«

»Ich werde die Mail an unsere Experten weiterleiten«, sagt Yasira. »Und Sie antworten jetzt den Erpressern. Schreiben

Sie, dass Sie kooperieren möchten. Aber fordern Sie ein Lebenszeichen von Lena. Falls Sie eine Antwort bekommen, melden Sie sich sofort bei mir.«

»In Ordnung«, sagt Palmer, verabschiedet sich und legt auf.

Der arme Mann, denkt Yasira. Wie gerne würde sie diese betrügerischen Erpresser schnappen und wegen seelischer Grausamkeit vor Gericht stellen. Drecksinternet. Früher mussten Erpresser immerhin noch das Risiko einer Geldübergabe auf sich nehmen. Einer Übergabe, bei der man sie erwischen konnte. Jetzt verstecken sich die Mistkerle hinter Bitcoins. Was für ein Wechselbad der Gefühle das für Lenas Vater sein muss.

Apropos Bad … Yasira legt den Bademantel ab und steigt in die immer noch heiße Wanne. Sie nimmt ihr Handy mit und ruft Timo Schenk an, der die erste Nachtschicht übernommen hat. Sie leitet die Lösegeldforderung an ihn weiter und bittet ihn, diese so schnell wie möglich prüfen zu lassen. Sowohl von technischer Seite als auch von den für Entführungen zuständigen Fachbereichen.

Eigentlich schläft Yasira gerne in Hotels. Das kommt noch aus der Zeit, als Zara klein gewesen ist und jede Dienstreise Nächte ohne Babygeschrei verhieß. Diese Nacht allerdings ist unbequem und unruhig. Auf der Straße randaliert ein Rudel Halbstarker. Oder randalieren sie nur in ihren Träumen?

Wenig erholt öffnet Yasira am nächsten Morgen die Augen. Es ist noch dunkel draußen, und sie hat keine Ahnung, wie spät es ist. Erst ein Blick auf den Wecker verrät ihr, dass sie sich nicht mit einem weiteren Versuch einzuschlafen quälen muss. Es ist kurz nach halb sechs.

Noch im Bett holt sie ihre Mails ab. Als Erstes pickt sie sich die Analyse der BKA-Experten zur Lösegeldforderung heraus. Fazit: Wahrscheinlich Fake. Wahrscheinlich ... Wahrscheinlich Fake, wahrscheinlich Mali, wahrscheinlich Beck's. »Wahrscheinlich« gehört nicht zu Yasiras Lieblingswörtern. Gerne würde sie mal von irgendwem ein »definitiv« hören. Gerade als sie sich anzieht, ruft Frank Palmer an. Die Erpresser haben geantwortet. Sie haben ihre Forderung bekräftigt, sie drohen damit, Lena etwas anzutun, aber ein Lebenszeichen haben sie nicht mitgeschickt. Weil sie es nicht können, denkt Yasira. Sie berichtet Frank Palmer, dass die Experten die Lösegeldforderung überprüft haben.

»Das Schreiben ähnelt falschen Forderungen in vergleichbaren Fällen.«

»Es gibt vergleichbare Fälle?«, fragt Frank Palmer.

Yasira möchte sich auf die Zunge beißen. Das war nicht gut formuliert gewesen.

»Die Analyse kommt zu dem Schluss, dass wir es mit Trittbrettfahrern zu tun haben, die versuchen, aus ihrem Unglück Kapital zu schlagen.«

»Wie sicher sind sich diese Experten?«, fragt Lenas Vater.

»Definitiv sicher«, würde Yasira so gerne sagen, um Frank Palmer wenigstens von dieser Qual zu erlösen. Aber das kann sie natürlich nicht machen. Also sagt sie: »Sie halten es für sehr, sehr wahrscheinlich.«

Frank Palmer schnaubt.

»Extrem wahrscheinlich«, sagt Yasira. »Fast definitiv sicher. Ich würde Ihnen raten, den Kontakt abzubrechen, aber falls Sie nochmals antworten wollen, dann bestehen Sie auf einem Lebenszeichen. Ich garantiere Ihnen, dass Sie keines bekommen werden, weil diese Erpresser Ihre Tochter nicht entführt haben. Ich kann mir denken, dass das eine ungeheure Belastung für Sie ist. Und wie gesagt, wenn Sie möchten, können wir Ihnen einen Psychologen zur Seite stellen ...«

Frank Palmer legt einfach auf. Yasira nimmt es ihm nicht übel.

Im Hotelflur auf Yasiras Etage steht neben dem Aufzug eine traurige Topfpflanze. Der Gummibaum, oder was auch immer es ist, starrt sie mit gesenktem Kopf an, während sie auf den Aufzug nach unten wartet. »Töte mich«, scheint die Pflanze zu flüstern. »Bitte erlöse mich.«

Das Hotel hat wenig Gäste. Außer Michael sind nur drei ältere Pärchen im Frühstücksraum. Für Vegetarier ist so ein Hotelfrühstück oft eine extrem traurige Angelegenheit. Weder die bleichen Scheiben, denen jeder ernst zu nehmende Käse mit Empörung die Verwandtschaft absprechen würde, noch das abgestandene, warm gehaltene Rührei schreien danach, auf ihren Teller zu springen. Schon beim Anblick will Yasira brechen. Also kaut sie nur auf einem trockenen Brötchen herum, während sie darauf wartet, dass Michael, dessen Ehrgeiz es zu sein scheint, von jeder beim Buffet angebotenen Speise zu kosten, endlich satt ist. Dann machen sie sich auf den Weg zu Lenas Schule.

Yasira starrt aus dem Autofenster ins triste Oktobergrau. Für Samstagabend haben AfD und Co. zu einer Großdemo in Berlin aufgerufen, erzählt ihr Michael während der Fahrt. Und irgendwo in NRW hat in der Nacht eine Flüchtlingsunterkunft gebrannt.

UNAUFFÄLLIG

»Unsere Schule ist übrigens eine der ältesten Deutschlands!«, berichtet der Rektor, während er Yasira und Michael durch die Gänge eines imposanten Backsteinbaus führt. Eine ganz und gar nebensächliche Information, aber sicherlich etwas, das er einfach allen Besuchern auftischt. Am Ende des Gangs bittet er die beiden Ermittler in sein Büro. »Die Eltern aus Lenas Klasse haben allesamt einer Befragung ihrer Kinder zugestimmt. Sie können hier mit ihnen sprechen.«

»Sehr gut«, sagt Yasira. »Vielen Dank.«

Sie blickt sich im Büro um.

»Physiklehrer?«, fragt sie.

»Ja«, sagt der Rektor. »Sieht man mir das an?«

Statt zu antworten, deutet Yasira auf dieses Ding mit den fünf Kugeln an Fäden, das auf dem massiven Schreibtisch steht.

»Ah. Das Newton-Pendel hat mich verraten.«

»Wie funktioniert das eigentlich?«, will Yasira wissen.

»Es ist erstaunlich kompliziert«, erwidert der Schulleiter und scheint nichts hinzufügen zu wollen.

Dann halt nicht, denkt Yasira. Sie ist ohnehin nicht zum Plaudern hier.

»Haben Sie denn schon Hinweise und Spuren?«, fragt der Rektor.

»Es ist erstaunlich kompliziert«, sagt Michael.

Yasira lächelt.

Zuerst befragen sie die Lehrer. Die meisten wissen nicht allzu viel über Lena.

»Im schulischen Bereich weder besonders gut noch besonders schlecht«, fasst Lenas Mathelehrer seinen Eindruck in der Mathelehrern eigenen Empathie zusammen. »Unauffällig.«

Isabel Schubert, die nette junge Klassenlehrerin, ist offensichtlich von den Geschehnissen sehr mitgenommen. Sie berichtet, dass sie das Gefühl hatte, dass etwas in Lena gearbeitet hat. »Zuerst war da der Tod der Mutter«, erzählt sie. »Davon haben Sie sicher schon gehört.«

Yasira nickt.

»Und dann hat sich Lena irgendwie verändert im letzten halben Jahr. Aber na ja. Das machen sie alle in der Pubertät. Ich hätte nie gedacht …« Sie bricht ab. »Auf mein Gesprächsangebot hat sie jedenfalls nur freundlich ablehnend reagiert.«

»Wie sieht es mit unentschuldigten Fehlzeiten aus?«, fragt Michael.

»Drei Tage im letzten Halbjahr«, antwortet die Lehrerin. »Ich habe schon nachgeguckt. Aber das heißt natürlich nicht viel. Ich versuche hier eine Horde Teenager zu bändigen. Unentschuldigte Fehlzeiten rangieren unter den kleineren Problemen.«

»Gibt es eine Clique, zu der Lena gehörte?«, will Yasira wissen. »Eine beste Freundin?«

»Vielleicht sogar einen Freund?«, fragt Michael.

»Hat Lena eine romantische Beziehung?«, präzisiert Yasira, denn das Deutsche ist in diesem Punkt erstaunlich ungenau. »Mit einem Jungen oder vielleicht auch einem Mädchen?«

Isabel Schubert schüttelt den Kopf. »Nicht dass ich wüsste. Auf mich wirkte Lena immer wie eine Einzelgängerin. Zumindest in den letzten Monaten. Der beste Tipp, den ich Ihnen geben kann, ist die schwarzhaarige Emily.«

Yasira macht sich eine Notiz.

»Es gibt auch noch eine blonde Emily in der Klasse«, erklärt die Lehrerin. »Deswegen habe ich die schwarzhaarige Emily gesagt. Aber das konnten Sie ja nicht wissen. Darum habe ich das noch hinzugefügt.«

Yasira nickt nur.

»Dann schicken Sie uns bitte die schwarzhaarige Emily als Erste«, sagt Michael.

Das verheulte Mädchen, das kurz darauf im provisorischen Befragungsraum erscheint, hat tatsächlich sehr schwarze Haare. Sie ist ähnlich stark geschminkt wie Yasiras Tochter. Tränen haben ihr Make-up verwischt, was ihr Gesicht noch trauriger macht. Wie ein weinender Clown. Yasira stellt sich vor und Michael gleich mit, befürchtet sie doch, dass seine manchmal etwas grummelige Art das Mädchen verschrecken könnte. Die Klassenlehrerin, die bei allen Gesprächen als Vertrauensperson dabeibleibt, versucht Emily durch beschwichtigende Worte zu beruhigen, was nicht sonderlich gut klappt. Vielleicht, weil sie selbst so aufgewühlt ist.

»Ist sie ... ist sie tot?«, fragt Emily.

»Nein«, sagt Yasira. »Wir haben keine Hinweise darauf, dass Lena tot ist.« Nur einen begründeten Verdacht, aber das fügt sie nicht hinzu. »Wir versuchen Lena zu finden. So schnell wie möglich.«

»Sind Sie … also sind Sie von so einer Art FBI?«

»Ja. So was in der Art«, brummt Michael. »Ich bin quasi Special Agent Dale Cooper.«

»Wer?«, fragt Emily.

Yasira blickt Michael augenrollend an, bevor sie sich wieder an das Mädchen wendet.

»Deine Lehrerin erzählte uns, dass du mit Lena befreundet bist.«

»Na ja«, sagt Emily. »Schon irgendwie. Also, wir sind lange Freundinnen gewesen, aber …«

»Aber jetzt nicht mehr?«, fragt Yasira, als das Mädchen nicht fortfährt.

»Sie hat sich irgendwie verändert.«

»Wann fing diese Veränderung an?«, fragt Michael. »Mit dem Tod ihrer Mutter?«

»Nee«, sagt Emily. »Das hat sie natürlich voll mitgenommen und so. Aber da waren wir noch voll eng. Da war sie viel bei mir und hat geweint. *Ich* hab auch viel geflennt. Alter, war das traurig. Aber das war ja schon vor anderthalb Jahren oder so.«

»Wann begann die Veränderung in Lenas Verhalten?«, fragt Yasira.

»Na, ich weiß nicht. Vor ungefähr einem halben Jahr, würde ich sagen. Da haben wir uns irgendwie auseinandergelebt. Verstehen Sie?«

»Gab es einen Grund dafür?«

»Also, wir hatten keinen Streit oder so, falls Sie das meinen.« Emily spricht immer noch stockend. »Es ist einfach so passiert. Lena hat nicht mehr zurückgerufen und so. Hatte immer was anderes zu tun.«

»Was hatte sie denn zu tun?«, fragt Michael.

»Ich weiß es nicht genau. Sie hat es mir nie erzählt. Also, ich glaube, sie hatte einen Freund und so. Einen von außerhalb der Schule. Also, Gerüchte sagen, der sei schon fertig mit der Schule und so. Aber ich hab ihn nie getroffen.«

»Könnte es einer der Männer aus dem Video gewesen sein?«, fragt Michael.

»Boah, nee. Glaub ich nicht«, antwortet Emily. »Weiß ich aber natürlich nicht.«

Yasira erbittet sich von Emily Zugang zum Klassenchat. Sie überfliegt die Konversationen. Lena hat sich selten beteiligt. Ansonsten das Übliche. Tratsch, Memes und blöde Sprüche. Yasira exportiert den Chat und schickt eine Kopie davon an ihr Team zur genaueren Kontrolle. Sollen sich die Katjas damit befassen.

Danach sprechen Yasira und Michael noch mit den anderen Schülerinnen und Schülern aus der Klasse. Alle sind angemessen geschockt. Alle sind wenig hilfreich. Lena wurde von vielen zunehmend als Einzelgängerin wahrgenommen. Über Lenas Freund gibt es nur Gerüchte. Gesehen hat ihn keiner. Auch kennt niemand einen der Männer aus dem Video. Niemand ist am Samstagabend mit Lena verabredet gewesen. Niemand weiß zufälligerweise ihren Handycode.

Als sie die Schule verlassen und wieder ins Auto steigen, sagt Yasira: »Wir müssen diesen Freund ausfindig machen.«

Michael nickt nur. Was soll er auch sagen? Natürlich müssen sie den Freund ausfindig machen. Das versteht sich von selbst.

Sie sind kaum fünf Minuten durch die im Vergleich zu Berlin erstaunlich leere Stadt gefahren, da stoppt ihr Kollege den Wagen auf dem Parkplatz eines Restaurants. Er blickt Yasira mit großen Augen an und säuselt: »Isch will indisch.« Dann grinst er breit. »Verzeih mir, wenn ich wie ein Franzose klinge, der auf Deutsch um Beischlaf bettelt.«

Yasira verdreht die Augen. »Der war echt unterstes Niveau, Michael. Selbst für deine Verhältnisse.«

»Ich meinte eigentlich nur, dass ich Lust auf Tandoori Chicken habe.«

Yasira zuckt mit den Schultern. »Wenn es dich glücklich macht.«

»Sehr.«

Yasira lässt Michael seine irgendwie sexistischen, ziemlich peinlichen Witzchen durchgehen, weil sie schon seit geraumer Zeit vermutet, dass er damit nur seine Homosexualität kaschiert. Sie weiß gar nicht genau, woran sie das festmacht. Natürlich kommt er nie mit lackierten Fingernägeln zum Dienst. Es ist mehr ein Gefühl. Wahrscheinlich sind es gar nicht die Dinge, die Michael tut, die sie auf den Gedanken gebracht haben, sondern vielmehr die Dinge, die er nicht tut. Er hat kein gesteigertes Interesse an dem *Hot Chicks With Guns*-Kalender in Karsten Seilers Büro. Er prahlt nicht mit seinen Eroberungen, ja erzählt sogar überhaupt nie von seinen Beziehungen. Er hat Yasira noch nie betrunken auf einer Weihnachtsfeier angegraben. Auch ein Alleinstellungsmerkmal. Und natürlich liebt er Freddy Mercury. Andererseits ... Welcher vernünftige Mensch tut das nicht?

Sie steigen aus dem Wagen und betreten das indische Restaurant.

Ein schwuler Polizist ist fast so eine Rarität wie ein schwuler Profifußballer. Yasira glaubt, dass Michaels mögliche Sorgen über ein Coming-out trotzdem unbegründet sind. Zumindest in ihrer Abteilung. Er ist ja kein Streifenbulle oder Dorfsheriff. Außerdem lebt und arbeitet er in Berlin. Dann wiederum ... Vielleicht würde seine Homosexualität einer Beförderung irgendwann doch im Weg stehen. Natürlich nicht offiziell. Aber in der Praxis. Wer kann das schon sagen?

Yasira wird jedenfalls den Teufel tun und ihn darauf ansprechen. Man fragt ja auch nicht einfach eine Frau mit dickem Bauch, wann es so weit ist, nachher ist sie doch nicht schwanger, und dann hat man ein sehr unangenehmes Gespräch an der Backe.

Michael bestellt eine große Portion Tandoori Chicken. »Und bitte extrascharf!«

Auf der Speisekarte des Inders gibt es auch Pizzen, Döner und Burger. Sehr vertrauenerweckend. Yasira ordert nur eine Portion Samosas. Sie hat keinen sonderlich großen Appetit. Für sie ist Essen meist nur eine Überlebensnotwendigkeit.

Während sie auf die Bestellung warten, checkt Yasira ihre Mails. Timo hat geschrieben. Aus der Bevölkerung gibt es so viele Hinweise, dass er beim Koordinieren kaum hinterherkommt. Leider entpuppten sich alle Tipps, denen Polizeibeamte bisher nachgehen konnten, am Ende als eine Form von »Es tut mir leid, aber für mich sehen die Schwarzen irgendwie alle gleich aus« – oder ähnlichen Vorurteilen. Trotzdem bleibt er natürlich dran.

Yasira fragt, ob Lenas Mobilfunkanbieter schon ihr Bewegungsprofil übermittelt hat.

»Gib mir noch zwanzig Minuten«, ist die knappe Antwort.

Yasira klickt die nächste Mail an. Die beiden Katjas haben sich schon durch den Verlauf des Klassenchats gequält und erste Ergebnisse. Einige Mitschüler machten wohl im Zusammenhang mit Lena Anspielungen auf Drogenkonsum. Eine Spur, der sie sowieso nachgehen müssen. Geht es »nur« um das Gras, das sie schon in Lenas Zimmer gefunden haben? Oder um welche Drogen handelt es sich? Und von wem hat sie diese bekommen? Offensichtlich haben Lenas Mitschüler bei der Befragung in der Schule nicht alles erzählt, was sie wissen. Verständlich. Wer mag schon der Polizei beichten, dass er kifft. Aber wenn Yasira sie direkt darauf ansprechen würde, käme vielleicht etwas ans Licht. Und dann gibt es da noch die Unterhaltung über eine Party vor drei Wochen. Da schrieb einer der Jungs, ein Robert: »Lena kommt bestimmt nicht. Die geht garantiert wieder zu ihrem Pedo.« Die günstige Lesart besagt, dass Lenas Freund Pedro heißt und Robert das r unterschlagen hat. Aber wahrscheinlicher ist, dass ein Gerücht durch Lenas Klasse schwirrt, laut dem ihr Freund deutlich zu alt für sie sei.

DER FREUND

Noch bevor Michael sein Hühnchen besiegt hat, bekommt Yasira per Mail Lenas Bewegungsprofil aus den letzten vier Wochen. Dazu den Einzelverbindungsnachweis. Dankenswerterweise hat Timo beides sogar schon aufbereitet. Eine bestimmte Strecke hat Lena nach der Schule immer wieder zurückgelegt. Ihr Ziel war Heimstedt, ein Dorf etwa achtzehn Kilometer von Halberstadt entfernt. Achtzehn? 1 und 8. A und H. Nein, nein. Man darf nicht wahnsinnig werden. Wenn man diese Zahlen sehen will, sieht man sie überall. Die Nummer, mit der Lena am häufigsten telefoniert hat, gehört einem Justus Schöffler. Meldeadresse in Heimstedt. Wenn das mal nicht Lenas mysteriöser Freund ist.

Sie berichtet ihrem Kollegen davon.

»Bingo«, sagt Michael nur.

Nach dem Mittagessen machen sie sich sofort auf den Weg. Die Bundesstraße Richtung Heimstedt verläuft größtenteils schnurgerade und bietet links und rechts etwas ermüdende Ausblicke auf landwirtschaftliche Nutzflächen.

Schöffler wohnt in einem großen Einfamilienhaus, das seine besten Tage schon hinter sich hat. Sie wollen ihn nicht zu früh verschrecken, deshalb fährt Michael am Haus vorbei, wendet und parkt dann in einiger Entfernung. Die Straße macht eine leichte Kurve, sodass sie von ihrer jetzigen Position eine gute Sicht auf das gesamte Grundstück haben. An der Vorderseite erstreckt sich ein verwahrloster Garten. Auf der Rückseite verläuft ein Maschendrahtzaun, der Schöfflers Land von einer wilden Wiese abgrenzt. Diese steigt leicht an und führt zu einem Wald. Yasira deutet auf die Bäume. Michael nickt.

»Ein Wald«, sagt er. »Wie im Video. Aber es gibt hier überall Wald.«

Yasira steigt aus und geht vorneweg, Michael schnauft hinterher. In Schöfflers Einfahrt steht ein rostiger alter Opel Corsa. Sie macht Fotos von dem Wagen und seinem Kennzeichen.

Dann klingelt sie an Schöfflers Tür. Der junge Mann, der öffnet, sieht verpennt aus. Doch er wird schlagartig wach, als Yasira ihm ihren Dienstausweis zeigt.

Kurz versucht er so zu tun, als wäre er überrascht, aber Michael schneidet die Episode ab, indem er ihn noch an der Haustür fragt: »Herr Schöffler, in welcher Beziehung stehen Sie zu Lena Palmer?«

»Ich … was …?«, stammelt der Angesprochene.

»Sie haben sicher von der schrecklichen Tat gehört«, sagt Yasira sanft. »Vielleicht sogar das Video gesehen …«

»Entweder Sie sprechen hier mit uns, oder wir bestellen Sie aufs Revier«, bellt Michael scharf. Justus Schöffler blickt ihn erschrocken an. Es ist die alte Masche. Good cop, bad cop. Aber solange sie funktioniert, gibt es keinen Grund, die Routine zu ändern.

»Wollen wir uns nicht einfach bei Ihnen an den Küchentisch setzen?«, fragt Yasira freundlich. »Das wäre doch für alle am besten.«

Schöffler tritt zur Seite und gibt den Weg frei. Drinnen herrscht großes Chaos. Die Möbel scheinen hundert Jahre alt zu sein. Wahrscheinlich hat Schöffler das Haus von seinen Großeltern übernommen. Pizzakartons liegen herum. Amazon-Verpackungen. Bierflaschen. Ein großer Flatscreen thront auf einem Schreibtisch. Davor so ein Gaming-Sessel, wie der, den Zaras Cousin zu Weihnachten bekommen hat. Michael zieht hörbar Luft durch die Nase ein. Yasira nickt. So, wie es in der Wohnung riecht, würde auch sie ein Monatsgehalt darauf wetten, dass der Kerl davon lebt, Hasch zu verticken. Nach dem wenigen Luxus in seiner Wohnung zu urteilen nur in kleinem Maßstab, und wahrscheinlich ist er selbst sein bester Kunde.

»Sorry«, sagt Schöffler. »Sie ... Sie hätten anrufen können, dann hätte ich ein wenig aufgeräumt.«

Er führt die beiden Ermittler in seine Küche, wo sich alle drei an den schmutzigen Tisch setzen.

»Ich ... also ... ich meine, wie kommen Sie auf mich ... ich weiß echt nicht, was Sie von mir wollen«, sagt Schöffler.

»Warum lügen Sie uns an, Herr Schöffler?«, erwidert Yasira ruhig. »Wir haben Lenas Bewegungsdaten, und wir wissen, dass sie ständig mit Ihnen telefoniert hat.«

»Sie waren mit ihr zusammen«, sagt Michael scharf. »Je länger Sie das abstreiten, desto verdächtiger machen Sie sich!«

Schöfflers Mimik bricht komplett in sich zusammen. Wo

er gerade noch versucht hat, eine überraschte, unbeteiligte Miene zu machen, sieht Yasira nun die pure Verzweiflung.

»Ich … ich …« Er stammelt etwas Unverständliches.

»War Lena Ihre Freundin?«, fragt sie sanft.

Schöffler nickt und ist dabei fast den Tränen nahe.

»Und haben Sie …«, beginnt Michael.

»Natürlich habe ich das Video gesehen!«, fährt Schöffler ihn an, nur um sich gleich darauf zu entschuldigen. »Es tut mir leid. Tut mir leid.«

Yasira kann sich nicht entscheiden, ob seine Verzweiflung von Lenas Schicksal oder seinem eigenen herrührt.

»Dass Lena verschwunden ist – das war für mich echt die Hölle«, sagt Schöffler mit brüchiger Stimme. »Das müssen Sie mir glauben.«

»Warum haben Sie sich nicht bei der Polizei gemeldet?«, fragt Michael.

»Nun, sie ist ja erst sechzehn, und ich bin siebenundzwanzig. Das ist doch strafbar.«

Yasira nickt. Zwar ist Blödsinn, was Schöffler gerade gesagt hat, aber erstaunlich viele Menschen glauben das. Vielleicht besser so.

»Also haben Sie Ihre Beziehung geheim gehalten?«, fragt sie.

»Lena hatte Angst davor, was ihr Vater dazu sagen würde.«

Verständlich, denkt Yasira. Käme ihre Tochter mit einem Siebenundzwanzigjährigen nach Hause, würde sie beiden gehörig den Kopf waschen.

»Wo haben Sie sich getroffen?«, fragt Michael.

»Eigentlich nur hier.«

»Ich meinte, wo haben Sie sich kennengelernt?«

»Ach so … äh … auf einer Party … in einer, äh, Disco.«

»Wann?«, fragt Yasira.

»Also nun ja … im Frühling.«

»Arbeiten Sie?«, fragt Michael.

»Bin zurzeit auf der Suche …«

»Wenn Lena zu Ihnen kam«, fragt Yasira. »Wie ging das vonstatten? Also, ich meine, wie hat sie den Weg zurückgelegt.«

»Meistens hab ich sie abgeholt«, sagt Schöffler.

»Meistens?«

»Manchmal kam sie per Anhalter.«

Michael stöhnt. Yasira fasst sich an den Kopf.

»Per Anhalter?«, fragt sie. »Ernsthaft?«

Das war doch kein Fall aus den Achtzigern. *Aktenzeichen XY ungelöst*, oder wie? Was sollte die Scheiße?

»Es fahren halt nur superselten Busse nach Heimstedt«, verteidigt sich Schöffler. »Und manchmal hatte ich keine Zeit, sie abzuholen. Oder meine Karre hat mal wieder gebockt. Was sollten wir machen?«

Yasira seufzt.

»Besagte Karre ist der alte Corsa vor Ihrer Tür?«, fragt Michael.

Schöffler nickt.

»Sind Sie am Samstag verabredet gewesen?«, fragt Yasira.

Wieder ein Nicken.

»Aber Lena tauchte nicht auf?«

Schöffler schüttelt den Kopf.

»Was haben Sie getan, als Lena nicht erschien?«

»Nichts.«

»Nichts?«

»Na ja, ich hab ihr Nachrichten geschrieben und so.«

»Hat Lena auf Ihre Nachrichten geantwortet?«, fragt Michael.

Kopfschütteln.

»Waren Sie deshalb nicht besorgt?«, hakt Yasira nach.

Schöffler schaut zu Boden. »Es ... es ... kam öfter vor, dass sie nicht von zu Hause wegkonnte. Manchmal kriegte ihr Vater einen Rappel ...«

»Einen Rappel?«

»Nun ja, er wollte wissen, wo sie immer hinrannte und so weiter ... Dann blieb sie halt daheim. Manchmal musste sie auch babysitten. Also, wegen ihrem Bruder, der hat ja so 'ne Macke.«

»Haben Sie eine Ahnung, warum Lena am Tag ihres Verschwindens ihr Handy zu Hause ließ?«

»Keinen Plan. Oder warten Sie. Lena hat mir mal erzählt, dass sie Angst habe, dass ihr Vater so eine verborgene Ortungs-App auf ihrem Handy installiert hat.«

Yasira macht sich eine gedankliche Notiz. Sie würde Frank Palmer danach fragen müssen.

»Kennen Sie vielleicht Lenas Handycode?«, fragt Michael.

Lenas Freund schüttelt den Kopf.

»Herr Schöffler«, sagt Yasira so freundlich wie möglich, »würden Sie bitte Ihr Handy entsperren und es mir reichen? Ich möchte gerne einen Blick darauf werfen.«

Schöffler zögert. »Muss ich ... also, muss ich das?«

Wie gerne würde Yasira einfach »Ja« sagen. Aber das darf sie nicht.

»Nein. Müssen Sie nicht.«

»Dann möchte ich lieber nicht.«

Yasira schaut ihn freundlich an. »Herr Schöffler, wir sind auf Ihrer Seite. Wir versuchen, Ihre Freundin zu finden. Wir versuchen, die Vergewaltiger zu fassen. Bitte helfen Sie uns.«

Schöffler guckt sie an wie ein Reh im Fernlicht. Dann schüttelt er den Kopf.

Yasiras Blick wird scharf, und mit genau dosierter Wut in der Stimme sagt sie: »Hören Sie, wir ermitteln in einem Fall von bundesweiter Brisanz. Es geht um eine Gruppenvergewaltigung, möglicherweise sogar um Mord. Es gibt bereits eine Horde sogenannter Heimatschützer, die nichts lieber tun möchte, als Selbstjustiz zu üben. Wir wollen die Täter vorher fassen und vor Gericht stellen. Aber vor allem wollen wir Lena finden.« Sie macht eine kleine Pause und beugt sich näher zu Justus Schöffler. »Es ist mir wirklich scheißegal, wie viel Gras Sie pro Woche rauchen, verticken oder in Ihrem Hinterhof ernten. Geben Sie mir jetzt Ihr Handy.« Nach einer kleinen Pause fügt sie mit ihrem charmantesten Lächeln ein »Bitte« hinzu.

»Ich möchte mit einem Anwalt ...«

»Pass auf, Junge«, beginnt Yasira noch mal sanft. »Ich verspreche dir, dass wir dich nicht wegen deines Drogenproblems hochnehmen.«

»Aber wenn du nicht kooperierst«, sagt Michael, »dann machen wir dir dein Leben zur Hölle. Was glaubst du, was die Presse mit dir tun wird, wenn wir ihr von Lenas Freund, dem siebenundzwanzigjährigen Drogendealer erzählen, zu dem das arme Mädchen jede Woche per Anhalter fahren musste, hm?«

Justus Schöffler sagt gar nichts mehr. Er schüttelt nur noch den Kopf.

Frustriert verlassen Yasira und Michael das Haus. Sie gehen zum Auto, das in der Kurve auf sie wartet.

»Scheiße!«, sagt Michael. »Das hätte besser laufen können. Der Kerl hat Dreck am Stecken.«

»Sicher. Aber glaubst du, er hat auch etwas mit Lenas Verschwinden zu tun?«, fragt Yasira.

»Möglich. Auf jeden Fall müssen wir jetzt die ganz große Nummer auffahren.«

»Ja.«

Justus Schöffler hat sich keinen Gefallen getan.

Sie setzen sich ins Auto, fahren aber nicht los. Stattdessen ruft Yasira bei Jenny an. Sie schildert die Lage und bittet ihre Kollegin, sich um einen Durchsuchungsbefehl und eine Vorladung aufs Polizeirevier zu kümmern. Außerdem soll sie ein Automatisiertes Auskunftsverfahren für Schöfflers Handy beantragen, damit sie quasi in Echtzeit die Handynutzungsdaten von dessen Provider zur Verfügung gestellt bekommen.

Danach klingelt Yasira die Kollegen in Halberstadt an und verlangt, dass Schöffler und sein Haus rund um die Uhr überwacht werden.

»Es gab in der DDR diesen alten Witz«, sagt Michael, als sie auflegt. »Woher weißt du, dass dich die Stasi überwacht?«

»Woher?«, fragt Yasira.

»Auf der Straße steht ein neues Trafohäuschen, und du hast einen neuen Einbauschrank.«

»Worauf willst du hinaus?«

»Wenn die Sheriffs ihn überwachen, wird er das sicherlich mitkriegen. In einem Dorf ist es schwierig, jemanden unauffällig zu beschatten.«

»Wenn sie ankommen, werde ich ihnen sagen, dass sie sich Mühe geben sollen.«

Michael lacht nur.

Yasira reibt sich die Hände. Es wird kalt im stehenden Auto, aber sie müssen auf die Ablösung warten. Sie blickt zu Schöfflers Haus. Alles scheint ruhig.

»Kalt?«, fragt Michael. »Soll ich den Motor anmachen?«

Yasira schüttelt den Kopf.

»Zu auffällig.«

Sie ruft bei Katja Jürgens an und erzählt von Lenas Fahrten per Anhalter.

»Schau, ob es irgendwelche Überwachungskameras in der Nähe der Palmers gibt«, bittet Yasira ihre Kollegin. »Tankstellen, Bankgebäude, irgendwas. Lass dir die Aufnahmen von Samstagnachmittag geben. Wenn wir Glück haben, sehen wir darauf ein verdächtiges Auto. Vielleicht war es ja einer der Täter, der Lena mitgenommen hat.«

»Was soll denn das sein?«, fragt Katja Jürgens. »Ein verdächtiges Auto?«

»Du weißt es, wenn du es siehst«, sagt Yasira nur. »Ich habe da vollstes Vertrauen zu dir.«

»Vielen Dank«, murrt Katja Jürgens. »Das wird der langweiligste Filmabend meines Lebens … Und ich habe *The Expendables* 4 geschaut!«

Yasira lächelt kurz. Es ist gut, dass ihr Team den Humor nicht verliert.

»Guckt auch, ob ihr Schöfflers Auto seht«, sagt sie. »War er am Samstag unterwegs? Oder am Sonntag? Wohin ist er gefahren? Ebenfalls die Tage danach.«

»Natürlich.«

Yasira verabschiedet sich und legt auf. Dann schickt sie das Foto, das sie von Schöfflers Auto gemacht hat, an ihr Team.

»Weißt du, ich habe nachgedacht«, sagt Michael nach einer kleinen Weile. »Wir gehen stillschweigend davon aus, dass auch der Vierte im Bund, der Kameramann, ein Schokokuss ist.«

Yasira verdreht die Augen.

»Was denn?«, fragt Michael scheinheilig. »Ich dachte, das ist das politisch korrekte Wort?«

»So rum funktioniert es nicht«, erwidert Yasira. »Und das weißt du auch.«

»Ja, ja. Ich weiß. Ich habe einfach diesen kleinen, verkappten Rassisten im Kopf und werde ihn nicht los, aber du musst mir verzeihen, denn ich fordere ihn gerade heraus. Und zwar nicht nur meinen. Du hast den auch im Kopf.«

»Ich?«, fragt Yasira erstaunt.

»Ja, denn wir alle gehen anscheinend ganz selbstverständlich davon aus, dass der Kameramann auch ein Schwarzer ist, eventuell auch ein Flüchtling, wahrscheinlich aus Mali, aber dafür haben wir keinen einzigen Beweis. Wer sagt uns denn, dass der Kameramann kein Weißbrot ist, hm? Ein Weißbrot wie Justus Schöffler.«

Yasira denkt nach. Es stimmt, was Michael sagt. Der Kameramann könnte irgendwer sein. Aber Justus Schöffler?

»Irgendwas ist fischig an dem Kerl«, murrt Michael.

»Mag sein.«

Michael friemelt eine Leberwurststulle aus seiner Tupperdose.

»Hast du übrigens gewusst, dass in Deutschland pro Jahr circa eine Milliarde Schokoküsse verzehrt werden?«, fragt er.

»Was? Eine Milliarde?«

»Klingt viel. Sind aber nur zwölf pro Kopf.«

»Ja, schon. Aber es gibt ja auch Leute, die gar keine essen«, meint Yasira. »Wie ich zum Beispiel.«

»Richtig, und das ist ganz schändlich von dir. Deswegen muss ich ja deine mitessen. Damit wir den Schnitt halten. Und nicht nur deine. Außer Katja Jürgens hilft mir keiner aus dem ganzen Team.«

»Du Armer«, sagt Yasira lachend. Dann blickt sie wieder zum Haus und traut ihren Augen kaum.

Zum rückwärtigen Fenster von Schöfflers Haus fliegt ein Rucksack hinaus. Sie stupst Michael an, der gerade dabei ist, in seine Stulle zu beißen. Gleich darauf purzelt Schöffler höchstpersönlich aus dem Fenster.

DIE FLUCHT

Michael lässt den Motor an und gibt Gas. Schöffler blickt sich um, setzt seinen Rucksack auf und klettert über den Maschendrahtzaun. Michael rast zum Haus, bremst abrupt, der Wagen steht kaum, da ist Yasira auch schon rausgesprungen. Sie rennt ums Haus. Schöffler ist auf der anderen Seite des Zauns, aber seine Jacke hat sich verheddert. Als er Yasira sieht, rennt er einfach los. Der Stoff reißt.

»Stehen bleiben!«, ruft Yasira.

Schöffler rennt nur noch schneller.

Yasira klettert über den Zaun. Michael keucht ums Haus. Vor dem Zaun bleibt er ratlos stehen. Yasira ist auf der anderen Seite schon wieder herunter und nimmt die Verfolgung auf. Das hohe Gras behindert sie, aber Schöffler hat ebenfalls damit zu kämpfen. Er hat einen kleinen Vorsprung, doch Yasira gelingt es, auf sein Tempo zu kommen. Schöffler ist erstaunlich schnell für einen Kiffer. Die Kraft der Verzweiflung? In fast gleichbleibendem Abstand rennen sie auf den Wald zu.

Yasira könnte ein weiteres Mal schreien, aber das wäre sicherlich nutzlos und würde sie nur wertvollen Atem kosten. Sie muss Schöffler stoppen, bevor er sie im Wald abhängen kann. Im Wald … Hat Michael vielleicht doch recht? Könnte Schöffler der Kameramann sein? Aber wieso? Warum sollte er seiner Freundin so etwas antun? Im Rennen entriegelt Yasira ihr Holster und zieht die Waffe. Das hat sie schon eine ganze Weile nicht mehr tun müssen. Sie schießt in die Luft. Schöffler zuckt zusammen.

»Stehen bleiben, oder ich schieße!«

Schöffler wird langsamer. Dann bleibt er stehen und hebt die Hände. Yasira schließt zu ihm auf. Immer noch hat sie ihre Waffe gezogen und hält sie auf Lenas Freund gerichtet.

»Rucksack runter«, sagt sie. »Schön vorsichtig.«

Schöffler folgt ihrer Anweisung.

»Aufmachen!«, befiehlt Yasira.

Sie riecht das Marihuana schon, bevor sie es sieht. Mehrere Plastikbeutel voll Gras. Yasira seufzt. Dieser Trottel.

»Das sind aber weit mehr als die gesetzlich erlaubten 50 Gramm, glauben Sie nicht auch, junger Mann.«

Hat sie das gerade wirklich gesagt? Junger Mann? Für wie alt hält sie sich denn selbst?

Sie fordert Schöffler auf, den Rucksack wieder zu nehmen und zum Haus zurückzugehen.

Michael steht noch immer vorm Zaun. Wie ein dickes Schaf, denkt Yasira, vor einem unüberwindlichen Hindernis. Ihr Kollege nimmt Schöffler in Empfang, als der wieder über den Zaun klettert. Immerhin hat er schon die Handschellen parat.

Sie verfrachten Schöffler ins Auto. Auf dem Weg zum Revier in Halberstadt schwört er immer wieder, dass er nichts mit Lenas Verschwinden zu tun hat. Das mag sein. Aber Schöfflers Haus und den Wald dahinter müssen sie jetzt durchsuchen lassen. Die Sorgfalt gebietet es. Yasira und Michael liefern Schöffler in Halberstadt ab und bitten den örtlichen Polizeidirektor, entsprechende Anweisungen zu geben.

Zusammen mit der Spurensicherung stellen sie Schöfflers komplettes Haus auf den Kopf. Und würden sie sich für kleine Haschdealer auf dem Dorf interessieren, könnten sie mit all den Beweisen, die sie sicherstellen, höchst zufrieden sein. Aber so ist es ja nicht.

Dank AFIS, dem Automatisierten Fingerabdruckidentifizierungssystem – ein Wortmonster, das so wohl nur im Deutschen existieren kann –, und modernen Scannern können sie die Abdrücke, die sie bei Schöffler finden, in Echtzeit mit denen vergleichen, die die Spurensicherung in Lenas Zimmer genommen hat. Ergebnis: Lena war oft hier, Schöffler nie bei ihr.

Als sie mit dem Haus fertig sind, mischen sich Michael und Yasira noch unter die Kollegen vom Polizeirevier Harz, die mit ihren Hunden den Wald hinter Schöfflers Haus durchsuchen. Der Einsatzleiter schreit, Spürhunde bellen. Der ganze Großeinsatz hat etwas furchtbar Bedrückendes. Die Aktion läuft, bis es dunkel wird, aber die Suche bleibt erfolglos.

Zum Glück, denkt Yasira. Im Wald findet man nur Leichen …

Als sie zurückkommen, stehen schon erste Übertragungswagen vor Ort. Die Medien haben offenbar von der Sache Wind bekommen. Bald wird Schöffler eine kleine Berühmtheit sein. Selbstverständlich hat die Polizei seinen Namen nicht bekannt gegeben, aber die Nachbarn im Dorf waren gesprächig.

»Nun ja, diese Suppe hat sich Lenas Freund selbst eingebrockt«, sagt Yasira beim Abendessen im Hotel. »Jetzt muss er sie auslöffeln.«

»Oder besser gesagt ausschöffeln«, meint Michael.

Yasiras Handy klingelt. Sie blickt aufs Display.

»Der Chef«, sagt sie zu ihrem Kollegen und nimmt das Gespräch an.

Gebhardt stöhnt: »Die Presse, die Politiker, die Öffentlichkeit, alle verlangen quasi minütlich Updates von uns!«

»Wir haben noch nichts Belastbares«, sagt Yasira. »Wahrscheinlich war Lena per Anhalter unterwegs. Möglicherweise war es einer der Täter, der sie mitgenommen hat. Wahrscheinlich ist der Tatort ein Waldgebiet in der Nähe von Halberstadt. Wahrscheinlich kamen die Täter ursprünglich aus Mali. Wahrscheinlich tranken sie Beck's.«

»Beck's? Was soll uns das denn helfen?«

»Nichts.«

»Ich werde also sagen, dass wir bereits vielversprechende Spuren verfolgen, aber aus ermittlungstaktischen Gründen zum aktuellen Zeitpunkt nicht mehr Informationen bereitstellen können.«

»Tun Sie das.«

»Morgen ziehen die Rechten durch Berlin«, sagt Gebhardt. »Ich nehme an, Sie haben etwas von der angekündigten Großdemonstration mitbekommen. Wäre schön, wenn wir vorher schon erste Erfolge präsentieren könnten.«

»Ja, das wäre schön«, sagt Yasira.

Gebhardt verabschiedet sich und legt auf.

Nach dem Essen sitzt Yasira noch allein in der Hotelbar. Michael hat sich auf sein Zimmer verzogen. Das Durchforsten des Walds war ihm zu viel frische Luft und zu viel Bewegung.

Yasira ruft Frank Palmer an, um ihn von den neuesten Entwicklungen zu unterrichten. Es wäre ihr unangenehm, wenn Lenas Vater alles aus den Medien erfahren müsste. Sie fragt ihn auch, ob er eine Ortungs-App auf Lenas Handy installiert hat, wie Schöffler behauptet.

»Ich hab darüber nachgedacht, ja«, gibt Frank Palmer zu. »Ich, ich hatte nach Tanjas Tod manchmal die Angst, dass mir alles entgleitet. Dass ich die Kontrolle verliere. Ich hatte ...« Er stockt.

»Sie müssen sich nicht vor mir rechtfertigen«, sagt Yasira. »Sie haben darüber nachgedacht, es aber nicht getan?«

»Nein. Ich kenne ja nicht mal ihren Code.«

Nach dem Gespräch bestellt sich Yasira erst mal noch ein Bier. Abends allein in einer Hotelbar zu sitzen ist eine spezielle Art von Einsamkeit. Wenn man sich ganz in dieses Gefühl fallen lässt, kann man es sogar fast genießen. Fast. Das Saxofon, stellt Yasira beim zweiten Bier fest, ist nach seiner Glanzzeit in den Achtzigern nicht verschwunden, sondern hat in der Hotelbar-Musik sein Refugium gefunden. Gerade als sie beschließt, doch einfach ins Bett zu gehen, vibriert ihr Handy. Jenny hat einen Link zu einem Video geschickt. Kommentarlos.

Yasira klickt auf das Video. Bevor sie es sehen darf, muss

sie noch eine Werbung für Espressomaschinen erdulden. Ob diese Firmen wissen, vor welchen Videos ihre Werbung auftaucht? Wahrscheinlich nicht. Dann sieht sie endlich den Schwachkopf, der sich Bär nennt. Das Muskelpaket mit der MP5 behauptet, der Aktive Heimatschutz habe eine heiße Spur zu Snoopy. Als ob. Das kann nicht sein, oder doch? Kann der Kerl wirklich mehr wissen als Yasira, obwohl ihr der gesamte Sicherheitsapparat der Bundesrepublik zur Verfügung steht? Bei dem Gedanken wird ihr fast schlecht. Das wäre eine Katastrophe.

Der häufigste Kommentar unter dem Video lautet: »Gute Jagd!«

DAS HANDY

Der Morgen bringt eine Umfrage der BILD, laut der achtzehn Prozent aller Deutschen bereit wären, sich dem Aktiven Heimatschutz anzuschließen. Ein erschreckender Wert. Yasira weiß nicht, wie die BILD das so schnell herausgefunden haben will.

»Wahrscheinlich durch eine Befragung ihrer eigenen Mitarbeiter«, mutmaßt Michael beim Frühstück.

Yasira isst wieder ein trockenes Brötchen, während sie auf ihrem Handy die Nachrichtenseiten scannt.

Der CDU-Chef fühlt sich in einem Interview bemüßigt, zu erklären, dass das Gewaltmonopol natürlich beim Staat liege, aber dass man die Sorgen der Bevölkerung ernst nehmen müsse und dass er den Impuls, sein Land verteidigen zu wollen, natürlich verstehe.

Tatsächlich wird der Aktive Heimatschutz rasend schnell ein Ding. Jemand hat ein Logo entwickelt. Ein A auf einem H, sodass es aussieht wie ein zweistöckiges Haus mit Dachboden. Das Ganze auf einem kleinen Hügel mit Gras drum herum. Das wirkt gar nicht martialisch. Fast schon niedlich. Massenkompatibel. Bär hat zahlreiche Nachahmer gefunden, die in Videos bekannt geben, sich dem Aktiven Heimatschutz anzuschließen. Darunter ein paar Promis, deren Marktwert nicht mal mehr fürs Dschungelcamp reicht.

Die meisten der Heimatschützer haben Waffen in der Hand. Yasira sieht erstaunlich viele Armbrüste. Die sind ihr auch schon bei den Reichsbürgern untergekommen. Für eine Armbrust braucht man nämlich keinen Waffenschein, obwohl sie durchaus tödlich ist. Manche der Männer, und es sind fast ausnahmslos Männer, haben schon mit dem Logo des Aktiven Heimatschutzes bedruckte Shirts an. Einige von ihnen findet Yasira regelrecht lächerlich. Einer mit spärlichen roten Haaren und starkem hessischem Dialekt kopiert »Bär« bis ins Detail. So beendet er sein Video ernsthaft mit den Worten: »Ich gehe auf die Jagd. Nennt mich Rotfuchs.«

»Wie sie sich wohl nennen, wenn ihnen die heimischen Raubtiere ausgehen?«, spottet Michael.

Jenny berichtet per Mail von einem Telegram-Account des Aktiven Heimatschutzes, der schnell an Nutzern gewinnt. Natürlich sind die Chats verschlüsselt, aber das spielt keine Rolle, weil Jenny sich einfach in die Gruppe hat aufnehmen lassen. Der Administrator scheint nicht sonderlich wählerisch. Wahrscheinlich hätte er Yasiras Kollegin sogar mit dem Nutzernamen »Jenny BKA« aufgenommen. In der Gruppe gibt es viele strammrechte Sprüche, einige Hinweise auf angebliche Sichtungen der Täter, aber nichts Brauchbares. Nichts Konkretes.

Lustlos rührt Yasira in ihrem Kaffee, als Jenny sich erneut meldet. Dieses Mal mit einer guten Nachricht. Es ist dem technischen Dienst gelungen, Lenas Handy zu knacken. Jenny sitzt zwar schon an einer Auswertung, aber Yasira will das Gerät auch selbst durchleuchten. Es gibt nichts Aussagekräftigeres über einen Menschen als sein entsperrtes Smartphone. Also fahren sie nach dem Frühstück zurück nach Berlin. Wenn es nach Yasira gegangen wäre, hätten sie auch schon davor abreisen können.

Auf der A2 überholt Michael mehrere Mannschaftswagen voll Polizisten, die vermutlich für die großen Demonstrationen am heutigen Abend nach Berlin gekarrt werden.

»Nur falls du dich gefragt hattest«, sagt Michael. »Es gibt einen beschisseneren Job als unseren.«

Yasira schnaubt. »Ich weiß nicht. Manchmal würde ich tauschen.«

Kaum sind sie wieder in ihrem Büro, da klopft Jenny. Sie hat die Samstagsschicht übernommen. Das ist nicht gut für deine Beziehung, denkt Yasira. Hält aber die Klappe, denn natürlich ist Jenny das selbst klar.

»Ich hab im Auto deine Auswertung gelesen«, sagt sie stattdessen.

»... aber du willst selbst auch noch gucken«, ergänzt Jenny. »Ich weiß.«

Und mit einem Lächeln reicht sie ihrer Freundin das entsperrte Handy.

Als Erstes öffnet Yasira WhatsApp. Der Chat mit Schöffler beginnt vor ziemlich genau acht Monaten. Offenbar haben sie häufig zusammen gekifft. Auch wenn es in dieser Hinsicht immer nur bei Anspielungen bleibt. Irgendwann fängt es dann an mit Kuss-Emojis und so weiter. An Tagen, an denen Lena absagen musste, weil ihr Vater mal wieder einen »Rappel« bekommen hatte, schickten sich die beiden manchmal Nacktbilder hin und her. Was war das nur für ein völlig beknackter Trend? Yasira muss unbedingt mit ihrer Tochter reden, dass sie solch einen Blödsinn niemals machen soll. Das würde ein Gespräch werden, das verlässlich in einem Streit inklusive Türenknallen enden würde. Yasira scrollt weiter durch die Chats. Auch Lena hat wohl öfter Streit mit ihrem Vater gehabt. Nicht ungewöhnlich für eine Teenagerin, oder? Ein bisschen fühlt es sich falsch an, derart in Lenas privatester Korrespondenz zu schnüffeln, aber diese Skrupel kann sie sich nicht leisten. Am Samstagnachmittag hat Lena mit Schöffler telefoniert. Danach hat sie das Handy nicht mehr benutzt und sich wohl auf den Weg zu ihrem Freund gemacht. Per Anhalter. Yasira schüttelt den Kopf. Darüber würde sie auch mit Zara sprechen müssen. Wie dem auch sei. Schöffler hat am Samstagabend per WhatsApp mehrfach nachgefragt, wo sie bleibe. Aber diese Nachrichten, so berichtet Jenny, waren ungelesen, bis sie selbst das Handy durchleuchtet hat. Auch alles, was sie sonst noch im Chatverlauf findet, stützt Justus Schöfflers Schilderungen. Leider. Es wäre zu schön und einfach gewesen. Warum Lena ihr Handy zu Hause gelassen hat, erklärt sich nicht.

Die Apps auf dem Smartphone sind die üblichen: Spotify, TikTok, YouTube und Instagram auf dem Homescreen. Yasira öffnet Instagram und staunt, wie viele Follower Lena inzwischen hat. Anscheinend sind Tausende von Menschen weltweit der Meinung, es sei ein guter Weg, ihre Solidarität mit dem armen Mädchen zu zeigen, indem sie ihr Profil liken. Was auch immer das bringen soll. An weiteren Apps gibt es eine für Englischvokabeln, einen Taschenrechner, einen Kalender, in dem eigentlich nichts drinsteht. Ein paar Spiele. Candy Crush und so. Yasira öffnet die Fotos-App. Sie findet Lena mit ihrem Bruder, ihrem Vater, der schwarzhaarigen Emily … interessanterweise keine Fotos mit Schöffler. Warum? Angst davor, dass ihr Vater diese entdecken könnte? Aber Nacktfotos verschicken – merkwürdig. Yasira klickt sich weiter durch alles, was sie auf dem iPhone findet.

Als sie das Handy endlich weglegt, hat sie zwar ein besseres Gefühl dafür bekommen, wer Lena ist, aber leider immer noch keine Ahnung, was am Samstag vor einer Woche passiert ist. In wessen Auto ist Lena gestiegen? Offenbar ins falsche. Leider hat Katja Jürgens keine brauchbaren Überwachungskameras gefunden. Die einzige Tanke, die halbwegs in der Nähe der Palmers ist, hat zwar eigentlich eine, aber sie ist seit zwei Wochen kaputt. Wenn es mal nicht läuft, dann läuft es einfach nicht. Der Rand von Halberstadt scheint ein guter Ort für jemanden zu sein, der untertauchen will.

Nach der Mittagspause bekommt Yasira den Laborbericht der Spurensicherung. In Schöfflers Auto haben sie nichts Verdächtiges gefunden. Natürlich gibt es überall Fingerabdrücke und DNA-Spuren von Lena, aber das ist wenig verwunderlich. Der interessanteste Punkt des Berichts ist, dass sie in Schöfflers Haus Reste von Fentanyl gefunden haben. Und zwar am Rand des Toilettensitzes. Wahrscheinlich hat Lenas Freund das Zeug vor seiner misslungenen Flucht noch schnell im Klo hinunterspülen wollen.

Yasira zeigt Michael den Bericht. »Zumindest Schöffler hat nicht nur gekifft.«

»Fentanyl«, murmelt Michael. »Den Dreck kennen wir doch. Gab es nicht letztens eine Menge Tote deswegen in Dublin?«

»Ja.« Yasira hat auch davon gelesen. Zwei Milligramm des Teufelszeugs reichen, um eine potenziell tödliche Atemdepression zu verursachen.

»Coolio ist an dem Scheiß gestorben«, sagt Michael.

»Coolio?«

»Ja, du weißt schon. *Gangsta's Paradise.* Und Prince auch.«

»*Der* Prince?«, fragt Yasira.

»You don't have to be rich to be my girl«, singt Michael. »You don't have to be cool to rule my world.«

»Ich glaube, Matthew Perry hat es ebenfalls genommen«, sagt Yasira.

»Wer?«

»Chandler. Aus *Friends*.«

»Nie geguckt«, sagt Michael.

»Aber was hat der *nicht* geschluckt …?«, murmelt Yasira.

Michael kratzt sich am Hals. »Glaubst du, Schöffler hat das Zeug nur vertickt, oder war er selbst sein bester Kunde?«

»Er hat es auch genommen«, sagt Yasira. »Steht doch hier.« Sie deutet auf die entsprechende Stelle im Bericht. Die Laborkittel haben in Schöfflers Haaren Rückstände des Opiats nachweisen können. Die meisten User haben immer noch Angst vor Blut- oder Urintests. Dabei sind es inzwischen meist ihre Haare, die sie verraten. Über die Wurzel wachsen die Drogenreste nämlich in die Strähnen ein. In einem zwölf Zentimeter langen Haar kann man ein ganzes Jahr zurückblicken.

»Ob er auch Lena von dem Scheiß gegeben hat?«, fragt Michael.

»Schwer zu sagen«, meint Yasira. »Sein Urintest war negativ. Das heißt aber nur, dass er in den letzten paar Tagen kein Fentanyl genommen hat. Was er sich letztes Wochenende reingepfiffen hat, müssten wir ihn fragen.«

»Vielleicht sollten wir das tun.«

»Auf jeden Fall sollten wir das«, stimmt Yasira zu. »Aber ich kann mir schon denken, was er sagen wird.«

Michael imitiert den Verdächtigen im Verhörraum: »Ich? Nein! Ich doch nicht! Und erst recht nicht ohne meinen Anwalt.«

»Wir sollten trotzdem noch mal mit ihm sprechen«, sagt Yasira. »Ihn mit den Laborbefunden konfrontieren. Nur für den Fall, dass er doch gesprächig ist.«

Sie gähnt und blickt auf die Uhr. Das Drei-Uhr-Loch.

»Ich mach das«, sagt Michael. »Und du gehst mal schön nach Hause und kümmerst dich ein wenig um deine Tochter.«

»Was machst du?«, fragt Yasira müde.

»Ich rede mit Schöffler. Und du erholst dich ein wenig.«

»Aber ...«

»Es ist Samstagnachmittag.«

»Eben!«, sagt Yasira. »Wenn du noch mal nach Halberstadt fährst, wird das ein elendig langer Tag für dich.«

»Ich schlaf einfach wieder im Hotel.«

»Verstehe! Du willst dich noch mal über das leckere Frühstücksbuffet hermachen«, scherzt Yasira.

Michael lacht.

Yasira wird wieder ernst. »Aber …«

»Hau ab nach Hause, bevor ich es mir anders überlege«, sagt Michael.

Yasira folgt seinem Rat und macht sich auf den Heimweg. In der Ringbahn merkt man so gut wie nichts von der sich anbahnenden Großdemo in Mitte. Das hat Yasira schon immer an Berlin fasziniert. Die Stadt ist so riesig, dass selbst Großveranstaltungen an den meisten Einwohnern spurlos vorbeigehen. Sie schläft sogar ein wenig in der S-Bahn. Das tut gut, doch fast verpasst sie ihre Station. Bevor sie nach Hause geht, macht sie noch einen Abstecher zum Supermarkt.

»Hallo, Fremde«, sagt Zara, als Yasira mit vollen Einkaufstüten die Wohnung betritt.

»Hallo, Tochterherz …«

Zara hängt auf der Couch und scrollt auf ihrem Handy herum.

»Wie wär's, wenn wir zusammen was Leckeres kochen?«, fragt Yasira. »Ich habe alles gekauft, was du magst. Und danach gucken wir einen Tanzfilm?«

Zara zuckt mit den Schultern. »Weiß nich. Mir egal.«

»Okay, das reicht an Begeisterung!«, sagt Yasira lächelnd und zieht ihre Tochter von der Couch. »Weiß nich, mir egal« ist das Maximum an Zustimmung, das sie auf solch einen Vorschlag hin erwarten darf.

Sie machen sich Mujaddara, Tabbouleh, Hummus und gefüllte Weinblätter. Danach sieht die Küche schlimm aus. Egal. Es schmeckt verdammt lecker. Mit den vollen Tellern knallen sie sich vor den Fernseher und gucken mal wieder *La La Land*. Seit sie diesen verfluchten Fall übernehmen musste, hat sich Yasira nicht mehr so gut gefühlt.

Nach dem Ende des Films machen sie leider den Fehler, noch Nachrichten zu schauen. Der rechte Fackelmarsch zum Reichstag hatte laut Veranstaltern über einhunderttausend Teilnehmer. Die Polizei hat fünfzigtausend gezählt. Schlimm genug. Immer diese Fackeln ... Die Bilder davon machen international Eindruck. Fackelmärsche in Deutschland. Hat es das nicht schon mal gegeben? Ist da nicht etwas gewesen? Yasira schüttelt sich unwillkürlich.

»Gruselig«, sagt Zara.

»Verdammt gruselig.«

Es gab immerhin auch eine große Gegendemo, und die Polizei hatte ordentlich zu tun, die Protestierenden voneinander getrennt zu halten. Yasira muss an die Kollegen in den Mannschaftswagen denken, die sie heute Nachmittag überholt haben.

»Wie läuft's mit Lena?«, fragt Zara. »Habt ihr was Neues rausgefunden?«

»Na ja. Ihr Freund ...«

»Der Drogendealer?«

»Ja. Er war wohl auch Fentanyl nicht abgeneigt.« Yasira blickt ihre Tochter an. »Hast du schon mal davon gehört?«

Zara schüttelt den Kopf.

»Es ist ein synthetisches Opiat. Fünzigmal stärker als Heroin«, erklärt Yasira. »Genau wegen dieser Potenz ist es so schwer zu dosieren, so gefährlich. Allein mit der Menge Fentanyl, die 2022 in den USA beschlagnahmt worden ist, hätte man locker alle US-Bürger vergiften können. Also wenn dir jemand mal diese Scheiße anbietet …«

»Mama!«, sagt Zara und rollt mit den Augen. »Ich bin doch nicht blöd.«

»Die USA haben durch Opioide mehr Menschen verloren als durch alle Kriege des zwanzigsten Jahrhunderts zusammen. Bald eine Million.«

Zara scheint beeindruckt. Ist Angst zu machen der richtige Weg, um seine Kinder von harten Drogen fernzuhalten? Bei Yasira selbst hat diese Methode jedenfalls funktioniert.

Als ihre Tochter schon im Bett ist, schreibt Yasira noch eine Nachricht an Jenny, weil sie wissen möchte, wie der Fackelmarsch in den Telegram-Kanälen des Aktiven Heimatschutzes wahrgenommen wird. Was passiert als Nächstes?

»Kann ich noch nicht sagen«, antwortet Jenny sofort, obwohl es kurz vor Mitternacht ist. »Aber die Leute fühlen sich natürlich bestätigt und vom ›Volk‹ ermächtigt. Es braut sich etwas zusammen.«

SNOOPY

Am Sonntagmorgen nimmt sich Yasira die Zeit, ein paar Runden um den See im Volkspark Wilmersdorf zu joggen. Das hilft ihr oft, die Gedanken zu sortieren. Wenn sie sich körperlich anstrengt und die Konzentration aufgibt, dann hat sie manchmal einen besonders hellen Moment. Dann macht es klick, und sie hat den Fall geknackt. Diesmal ist es Lenas Freund, der ihr immer wieder durch den Kopf schwirrt. Irgendetwas passt nicht zusammen. Aber was? Doch heute wartet sie umsonst auf einen Heureka-Moment. Es ist alles so verworren.

Als sie nach Hause kommt, sitzt Zara am Küchentisch. Hübsch und ungeschminkt. Offenbar hat sie heute nicht vor, die Wohnung zu verlassen.

»Schau mal«, sagt Zara und reicht Yasira ihr Smartphone. »So was schicken die Jungs aus meiner Klasse auf WhatsApp rum.«

Es ist ein Video. Yasira drückt auf Play. Die Bilder hat sie schon oft gesehen. Zu oft. Es ist das Video, in dem Lena vergewaltigt wird. Aber jemand hat den Ton gelöscht und stattdessen den Refrain von *Lena*, dem Neunzigerjahre-Hit von Pur daruntergelegt. »Lena. Du hast es oft nicht leicht. Wie weit die Kraft doch reicht. Wenn ich am Boden liege, erzählst du mir, dass ich bald fliege.«

Es ist das pietätloseste Musikvideo, das sie je gesehen hat. Yasira bricht es ab und reicht ihrer Tochter das Handy zurück.

»Die Jungs sind solche Trottel«, sagt Zara.

»Allerdings«, bestätigt ihre Mutter. »Soll ich es der Schulleitung melden?«

»Die haben nicht den Song unter das Video gelegt«, sagt Zara. »Die haben das nur geteilt.«

»Schon klar. Doch das Teilen ist ja auch nicht cool.«

»Nein. Aber ich will keine Petze sein.«

Yasira macht sich eine Schüssel mit Müsli.

»Kein Problem«, sagt sie. »Irgendeine der überengagierten Mütter deiner Mitschülerinnen wird es sowieso melden.«

Es ist nicht der einzige geschmacklose Scherz im Internet auf Lenas Kosten. Yasira hat schon viele Memes gesehen, die einen einfach nur tieftraurig über den Zustand der Welt machen.

»Gehst du heute arbeiten?«, fragt Zara. »Du weißt, dass Sonntag ist?«

Yasira nickt. »Ja, tut mir leid. Ich versuche, nicht zu spät ...«

»Schon okay, Mama. Schnapp sie dir.«

Yasira nimmt die S-Bahn zum Treptower Park. Als sie ins Büro kommt, ist es schon fast elf. Michael reicht ihr eine Zeitung über den Schreibtisch.

»Schöffler hat der BILD AM SONNTAG ein Interview gegeben«, sagt er.

»Jetzt spricht Lenas Freund!« lautet die Schlagzeile.

Wie nur haben die Aasgeier es geschafft, an ihn ranzukommen? Und warum hat Schöffler da mitgemacht? Weiß er nicht, dass das ein Spiel ist, bei dem er nur verlieren kann? Vielleicht haben sie Geld geboten. Wahrscheinlich haben sie gedroht, auf jeden Fall über ihn zu schreiben. Gegebenenfalls ohne seine Sicht der Dinge. Yasira liest das ganze Interview. Wie bei BILD üblich, ist es nicht sonderlich lang.

Schöffler behauptet, Lena geliebt zu haben, und erzählt von angeblichen geheimen Heiratsplänen. Yasira kommt das Interview surreal vor. Bei all ihren Recherchen hat sie auf Lenas Rechner und Handy nichts gefunden, was darauf schließen lässt, dass Lena heiraten wollte. Sie war doch erst sechzehn, meine Güte! Der Drogenkonsum und -handel sei der größte Fehler seines Lebens, erzählt Schöffler, doch Lena habe er immer von dem Zeug ferngehalten. Am Ende des Interviews geht es natürlich um das Video. Schöffler kennt die Täter nicht, aber wenn er sie in die Finger kriegen würde, dann ... Ja, was dann? Da jedoch bricht das Interview ab und überlässt den Rest der Fantasie der Leser.

»Wie war's übrigens mit Schöffler?«, fragt Yasira. »Hast du ihn noch mal verhört?«

»Ja«, sagt Michael. »Aber wie erwartet kam nichts Neues dabei raus. Sonst hätte ich dir natürlich Bescheid gegeben.«

Yasira ist ihrem Kollegen sehr dankbar. Er muss gestern noch den ganzen Tag unterwegs gewesen sein.

»Schöffler behauptet steif und fest, mit Lena nur gekifft zu haben«, berichtet Michael. »Das Fentanyl habe er selbst nur einmal probiert und dann sofort entsorgt.«

»Na klar.«

»Davon abgesehen hat er dichtgemacht. Kein Wort über seine Kunden, kein Wort über seine Quellen. Würde wetten, der Kerl hat Schiss.«

»Glaubst du, die Männer, die Lena vergewaltigt haben, haben auch etwas mit den Drogen zu tun?«

»Könnte sein«, sagt Michael. »Aber Schöffler behauptet immer noch, sie nicht zu kennen.«

»Hm.«

Yasira hat ihren Computer gestartet und klickt sich durch die immer noch zahlreichen Hinweise aus der Bevölkerung. Das meiste klingt nach falschem Alarm. Aber natürlich müssen sie alles überprüfen.

Irgendwann kommt Jenny durch die Tür.

»Neues Video«, sagt sie nur und reicht Yasira ihr Handy. Sie überspringt die Müllermilch-Werbung, sobald es geht. Jenny hat das Video frühzeitig gefunden. Die Abrufzahlen sind noch in den Tausendern.

Yasira schließt die Augen und schüttelt den Kopf, als sie das Video gesehen hat. Wie kann das sein? Wie konnte das passieren? Zum ersten Mal fragt sie sich, ob der Fall vielleicht doch eine Nummer zu groß für sie ist. Seit dreieinhalb Tagen arbeiten sie rund um die Uhr und haben kaum etwas vorzuweisen außer Ringen unter den Augen. Natürlich gibt es im Netz und in gewissen Boulevardzeitungen erste Arschlöcher, die ihr die Kompetenz absprechen, diesen Fall zu lösen. Diesen Fall lösen *zu wollen*. Aufgrund ihrer Herkunft. Und sie meinen damit nicht Wilmersdorf.

»So eine Scheiße!«, zischt Michael. »Können wir das Video nicht löschen lassen? Können wir nicht irgendwie verhindern, dass es sich verbreitet?«

»Bei allen kommerziellen Portalen haben wir das Video gemeldet«, sagt Jenny. »Die löschen sicher bald. Teilweise haben sie schon gelöscht. Aber natürlich tauchen überall Kopien auf. Und andere Leute featuren das Video. Auf 8kun und Co. haben wir sowieso keine Chance. Also mit anderen Worten, nein.«

»Was bitte schön ist 8kun?«, fragt Michael.

»Wie viel Zeit habe ich für die Antwort?«, fragt Jenny. »8kun ist ein quasi völlig unkontrolliertes Imageboard. Früher hieß es mal 8chan. Davon hast du vielleicht schon gehört.«

Michael nickt. »War das nicht die Seite, auf der der Killer von Christchurch live seinen Terroranschlag verbreitet hat?«

Jenny schnaubt. »Der Livestream war auf dem ach so sauberen Facebook. Aber ja, der Spinner hat sich auf 8chan radikalisiert. Dort wurde sein Manifest verbreitet. Dort hat man ihm zugejubelt. Genau wie den Killern von El Paso, von Poway, von Halle. Wenn du mich fragst, ist 8kun der Inbegriff von allem, was falschläuft im Internet. Dort gibt es Boards, wo rechtsradikale Verschwörungsfantasten Hass gegen die US-Demokraten schüren, weil deren Spitzenpolitiker angeblich Kinder missbrauchen, neben Boards, auf denen schamlos Kinderpornografie verbreitet wird. Und niemandem scheint dieser Widerspruch aufzustoßen.«

Yasira spielt das Video noch mal ab.

Man sieht einen der Täter. Es ist Snoopy, der immer noch seinen lächerlichen Pullover trägt. Er befindet sich in irgendeiner leer geräumten Garage oder einem Lager. Geknebelt und mit Kabelbindern gefesselt, kniet er auf dem dunklen, schmutzigen Boden. Die Panik ist ihm ins Gesicht geschrieben. Ein vermummter Mann steht hinter ihm. Seine Stimme ist digital verzerrt.

»Im Namen des deutschen Volkes«, sagt der Mann, »verurteile ich diesen illegal eingewanderten Vergewaltiger und Mörder Lena Palmers zum Tode. Das Urteil werde ich sofort vollstrecken. Schließt euch dem Aktiven Heimatschutz an!«

Snoopy versteht offensichtlich kein Wort. Erst als der Sprecher die Waffe hebt, eine Maschinenpistole, und an den Kopf seines Opfers setzt, begreift dieses den tödlichen Ernst der Lage und reißt die Augen auf. Dann wird das Bild schwarz, und man hört nur noch den Schuss.

LYNCHJUSTIZ

Sie schauen das Video ein drittes Mal an. Der Schnitt ins Schwarz am Ende ist sehr effektvoll. Hier weiß jemand, was er tut.

»Vielleicht lebt er noch«, versucht Michael Optimismus zu verbreiten. »Immerhin haben wir nicht gesehen, wie …«

»Das glaubst du doch nicht wirklich«, sagt Jenny. »Ich wette, sie haben das Video nur deshalb so geschnitten, damit es nicht so schnell gelöscht wird.«

»Wo ist es zuerst aufgetaucht?«, fragt Yasira.

»Das weiß ich noch nicht«, sagt Jenny. »Ich habe es gerade auf einem 8kun-Board des Aktiven Heimatschutzes entdeckt.«

»Kommt man nicht irgendwie an die Betreiber dieser Drecksseite ran?«, fragt Michael.

»Die sitzen in Manila«, sagt Jenny.

»Wie ich die ganze Scheiße hasse«, knurrt Michael.

»Dabei habe ich dir das Beste über 8kun noch gar nicht erzählt«, sagt Jenny. »Einer der Administratoren, Ron Watkins – seinem Vater gehört die Seite –, ist wohl eine der Personen, die dort unter dem Pseudonym Q gepostet haben.«

»Q von QAnon?«, fragt Michael.

Jenny nickt.

»Die Waffe, mit der Snoopy erschossen wurde …«, beginnt Yasira.

»Ja?«, fragt Jenny.

»Ist es dieselbe Maschinenpistole, die Bär in seinem ersten Video präsentiert hat?«

»Könnte sein«, sagt Jenny.

»Könnte?«

»Sieht so aus. Ich hab Karsten geschrieben, aber noch nichts von ihm gehört. Es ist auf jeden Fall auch eine MP5. Aber selbst wenn es dasselbe Modell ist, beweist das natürlich nichts. Es ist eine sehr gebräuchliche Waffe.«

»Ich weiß, ich weiß.« Yasira überlegt kurz. »Ich will mit dem Typen reden. Mit dem Braunbär. So schnell wie möglich!«

»Er ist jetzt ein Problembär«, ergänzt Michael.

»Leider haben wir bisher keine Spur zu ihm«, gesteht Jenny.

»Verdammt noch mal!«, flucht Yasira. »Wie kann das sein?«

»Er ist nicht so doof, wie er aussieht.«

»Dann schreibt ihn zur Fahndung aus!«

»Ich weiß nicht, ob das eine gute Idee ist«, sagt Michael.

»Was?« Yasira ist fassungslos.

»Versteh mich nicht falsch … Wenn er der Bastard ist, der einen auf Dirty Harry macht, dann müssen wir ihn schnappen. Aber bisher haben wir nichts als eine ähnliche Waffe.«

»Also, ich sag mal, die Rechtsradikalen im Netz sind nicht so zögerlich wie du«, wirft Jenny ein. »Sie haben alle Beweise, die sie brauchen, um Bär als ihren Helden der Stunde zu feiern.«

»Natürlich!«, ruft Yasira. »Warum auch nicht? Der Typ hat in einem seiner Videos ja quasi gesagt, dass er Lenas Vergewaltiger finden und abschlachten will.«

»Ja, aber nur quasi«, erwidert Michael. »Ich gebe lediglich zu bedenken, ob wir in der aktuellen angespannten Situation wirklich Öl ins Feuer gießen sollten. Denn das tun wir, wenn wir ihn zur Fahndung ausschreiben, obwohl wir noch keine handfesten Beweise haben. Ich an deiner Stelle würde zumindest versuchen, die Verantwortung abzugeben.«

Yasira seufzt. »Na gut. Ich rede mit dem Chef.«

Sie schickt Stefan Gebhardt den Link und ruft ihn gleich darauf zu Hause an. Als er abhebt, schaut der Chef schon das Video. Noch bevor die Maschinenpistole knallt, ist er außer sich.

»Für wen halten sich diese Leute?«, ruft er. »Wo glauben die denn, dass sie wohnen?! Im Wilden Westen?«

Was für eine seltsam altmodische Wendung, denkt Yasira. Der Chef ist eben doch eine andere Generation. Wahrscheinlich noch viel Karl May gelesen.

»Ich würde gerne …«, beginnt sie.

»Haben Sie schon Hinweise auf die Identität dieses Mörders?«, wird sie von Stefan Gebhardt unterbrochen.

»Hinweise ja. Beweise nein. Aber die Indizien deuten auf Bär.«

»Den vom Aktiven Heimatschutz?«

»Ja, ich würde ihn gerne zur Fahndung ausschreiben«,

sagt Yasira. »Oder wir können ihn auch erst mal als Zeugen suchen.«

»Schreiben Sie ihn zur Fahndung aus!«, ruft Stefan Gebhardt. »Besser gestern als heute. Ich brauche Ergebnisse, Frau Saad. Und zwar schnell. Finden Sie diesen selbst ernannten Rächer! Finden Sie die Vergewaltiger, und finden Sie das Mädchen! Am liebsten lebendig.«

»Ja«, sagt Yasira nur. Es kann sich ja jeder mal was wünschen.

»Wir müssen beweisen, dass der Rechtsstaat funktioniert!«, ruft ihr Chef. »Und zwar nicht nächste Woche oder in einem Monat!«

»Ja, Chef.«

»All unsere Ressourcen stehen zu Ihrer Verfügung«, sagt Gebhardt. »Sie haben Carte blanche!« Dann legt er auf.

Zum ersten Mal versteht Yasira, dass dieser Fall nicht nur sie selbst Kopf und Kragen kosten könnte. Auch ihr Chef bangt bereits. Schon jetzt verlangt die Opposition von der Innenministerin Konsequenzen. Irgendwann wird der Druck so groß werden, dass Konsequenzen folgen müssen. Die Frau Ministerin wird sicherlich nicht selbst zurücktreten wollen. Und Yasira ist möglicherweise ein zu kleines Bauernopfer. Also könnte es auch Stefan Gebhardt treffen.

Wie besprochen, lässt Yasira Bär zur deutschlandweiten Fahndung ausschreiben. Das Echo kommt prompt. Dieselben Leute, die nach dem Hinrichtungsvideo Bär anhand von Indizien als ihren Helden gefeiert haben, verdammen nun die Polizei, weil sie Bär »nur« aufgrund derselben Indizien zur Fahndung ausgeschrieben habe. Manche Menschen haben ihre eigene Logik.

Leider kommen sie an diesem Sonntag mit der Fahndung nicht weit. Bär bleibt ein Phantom. Alle Hinweise, die zu seiner Identität oder seinem Aufenthaltsort eingehen, führen ins Leere. Entweder ist er ein Einzelgänger, oder seine Leute sind ihm treu ergeben. Auch scheint er schon vor seinem ersten Video untergetaucht zu sein. Vielleicht befindet er sich sogar im Ausland.

Am Ende dieses fruchtlosen Tages, als fast alle bis auf Michael und Yasira schon gegangen sind, klopft Jenny noch mal an.

»Es gibt da etwas, das du wissen solltest«, sagt sie.

»Ich nehme an, es ist keine schöne Nachricht«, erwidert Yasira.

»Nein.«

»Dafür haben wir den falschen Beruf«, sagt Michael. »Wenn du schöne Nachrichten magst, dann hättest du …« Er zögert. Offensichtlich fällt ihm kein Beruf ein, bei dem man mit guten Nachrichten überschüttet wird.

»Ich wollte nur, dass du weißt, dass du online für die angebliche ›Hetzjagd‹ auf Bär verantwortlich gemacht wirst«, sagt Jenny.

Michael guckt so, als wollte er sagen: Ich hab's ja gesagt. Yasira massiert sich die Stirn.

»Dein Name und dein Bild machen in rechten Foren und Chatgruppen die Runde«, fährt Jenny fort.

»Was ist mit meiner Adresse?«, fragt Yasira. Sie hat ein mulmiges Gefühl im Bauch.

»Ist mir bisher nicht untergekommen. Jedenfalls deine Privatadresse nicht. Die Büroadresse schon, aber die ist ja kein Geheimnis.«

»Was ist mit meiner Tochter?«

Jenny schüttelt den Kopf. »Bisher noch nichts.«

»Gib mir Bescheid, falls unsere Adresse, Zaras Name oder der Name ihrer Schule irgendwo auftauchen.«

»Natürlich.«

Yasira versucht es zu überspielen, aber die Nachricht schockiert sie. In all den Jahren bei der Polizei ist sie noch nie persönlich bedroht worden. Sie muss ab jetzt wohl hinter sich blicken, wenn sie das Büro verlässt, ob sie nicht verfolgt wird. Diese Leute dürfen nicht herausfinden, wo sie wohnt. Wo ihre Tochter wohnt.

DIE ATTACKE

Am Montagmorgen sitzt Yasira schlecht gelaunt in der S-Bahn. Damit fügt sie sich gut ins vorherrschende Bild ein. Auch die übrigen Fahrgäste machen lange Gesichter. Vielleicht haben sie sich heute beim Frühstück ebenfalls schon mit ihren Kindern gestritten? Was ist nur an dieser Schminkerei, das Yasira so aggressiv macht? Warum kann sie es nicht einfach ignorieren? Von der Arbeit und den Nachrichten abgesehen hat sie ein so friedliches Wochenende mit Zara gehabt wie schon lange nicht mehr, aber heute Morgen ... Sie ärgert sich über sich selbst. Warum hat sie überhaupt davon angefangen? Aller Wahrscheinlichkeit nach ist diese Schminkerei doch nur wieder eine Phase und wird – so wie all die Phasen davor – irgendwann von allein wieder aufhören. Und selbst wenn nicht? Warum ist das ihr Problem? Vermutlich, weil es ihr so vorkommt, als wäre ihre bildhübsche Tochter unglücklich mit ihrem Aussehen. Und schuld daran sind diese beschissen unrealistisch schönen Influencerinnen, die natürlich in echt garantiert auch nicht so sexy aussehen wie in den Videos. Eigentlich sind sie die modernen Barbies. Yasira nickt. Auf diese Barbies ist sie wütend. Sie ist gar nicht sauer auf ihre Tochter. Das ist doch eine wertvolle Erkenntnis.

Im Büro angekommen, trinkt sie erst mal eine Tasse von dem furchtbar schlechten Kaffee, den die Filtermaschine in der kleinen Küche ausspuckt. Dann gießt sie sich gleich noch eine Tasse ein. Sie wird sie brauchen. Lena wurde vor neun Tagen das letzte Mal gesehen. Jeder Tag, der vergeht, schmälert Yasiras Hoffnung, das Mädchen lebend zu finden. Mit der noch fast vollen Tasse in der Hand betritt sie das Besprechungszimmer. Der Rest des Teams ist schon anwesend.

Yasira spart sich die Motivationsrede. Es mangelt ja nicht an Motivation. Es mangelt nur an brauchbaren Spuren.

»Laut YouTube wurde Bärs Account von einer IP-Adresse auf den Philippinen registriert«, berichtet Jenny.

»Was heißt das?«

»Nun, entweder wohnt er im Ausland oder hat dort einen Kontakt, der für ihn hochlädt, oder er trickst mit der Technik. Es heißt auf jeden Fall, dass er kein Amateur ist. Er bewegt sich mit seinen Videos auch immer schön am Rand der Legalität. Das Lynchvideo ist natürlich nicht auf seinem Kanal veröffentlicht worden.«

»Übrigens hat keiner unserer Kollegen, die vor Ort waren, Bär auf dem Fackelmarsch des Aktiven Heimatschutzes entdeckt«, berichtet Katja Jürgens. »Wenn er da war, dann hat er sich verborgen gehalten.«

»Auch in den Chatgruppen wird über den Gründer des A. H. nur spekuliert«, ergänzt Jenny. »Niemand scheint ihn persönlich zu kennen. Wie gesagt, hält er sich vielleicht gar nicht in Deutschland auf.«

»Und es ist auch nicht erwiesen, dass er es ist, den man in dem Hinrichtungsvideo sieht«, sagt Michael.

»Können wir Interpol um Hilfe bitten?«, fragt Yasira. »Irgendwie muss sich dieser Typ doch auftreiben lassen.«

»Bin schon dran«, vermeldet Jenny.

»Sind wir dem Tatort näher gekommen?«

Karsten ächzt. »Du glaubst nicht, wie viele Fotos und Videos von Bank-Tisch-Kombinationen auf Waldlichtungen ich in den letzten Tagen quasi mit der Lupe inspiziert habe. Es ist wie dieses Kinderspiel. Finde die zehn Unterschiede auf Bildern, die erst mal gleich wirken. Leider gibt es am Ende immer unzählbar viele Unterschiede. Andere Form, anderes Material, anderer Grad der Abnutzung, andere Baumarten im Hintergrund. Es muss Hunderttausende von diesen Rastplatzgarnituren in Deutschland geben.«

»Ich deute das mal als Nein«, unterbricht ihn Yasira.

»Wenn ich den Tatort gefunden habe«, sagt Karsten nur, »dann verspreche ich, dass ich dir zuerst Bescheid gebe.«

Yasira wendet sich an den Nächsten. »Timo?«

»In den letzten fünf Tagen sind bundesweit insgesamt 211 Polizeibeamte 383 Hinweisen aus der Bevölkerung nachgegangen«, berichtet Timo. »Leider war darunter keine brauchbare Spur zu den Tätern, zu Lena oder zu Bär.«

»Verdammt!«, flucht Yasira. »Wie kann das sein?« Sie macht eine Pause. »Was ist mit Schöffler?«

»Wir haben das Bewegungsprofil und die Einzelverbindungsnachweise seines Handys vom Provider bekommen«, berichtet Katja Grebe. »Wir gehen alles minutiös durch. Bisher nichts Verdächtiges. Nichts Belastbares zumindest.«

»Soll heißen?«

»Soll heißen, er hat zwar sehr wahrscheinlich in kleinem

Maßstab Drogen vertickt. Aber er war nicht so dumm, mit seinen Kunden zu telefonieren. Wahrscheinlich haben sie Telegram benutzt.«

Telegram, denkt Yasira. Schon wieder.

Sie beendet das deprimierende Meeting und schickt alle zurück an die Arbeit.

Es gibt Tage im Leben einer Polizistin, an denen überschlagen sich die Ereignisse. Es ist so viel los, dass man im Nachhinein kaum glauben mag, was alles innerhalb von Stunden passiert ist. Und dann gibt es Tage wie diesen Montag. Zäh wie Kaugummi. Es will einfach nichts passieren, und man kommt keinen Deut voran.

Frustriert verlässt Yasira das Büro und nimmt die S-Bahn nach Hause.

Sie blickt aus dem Fenster. Draußen im Dunkeln rasen die Lichter der Stadt an ihr vorbei. Es ist schon spät. Der Feierabendverkehr bereits vorüber. Das hat auch Vorteile. Die S-Bahn ist angenehm leer. Aber die Gestalten, die hier rumsitzen ... Kommt es Yasira nur so vor, oder gibt es immer mehr fertige Leute in den öffentlichen Verkehrsmitteln? Das ist doch früher nicht so gewesen, oder ist es ihr vor zwanzig Jahren einfach nicht aufgefallen? Der große Perspektivwechsel kam wahrscheinlich mit der Geburt ihrer Tochter. Plötzlich hat sie die Welt nur noch in zwei Kategorien wahrgenommen: harmlos oder potenziell gefährlich für das Kind. Das ganze Leben stellt man auf den Kopf. Und wofür? Damit man sechzehn Jahre später jemanden in der Wohnung hat, der auf Fragen maximal mit einem Schulterzucken reagiert und ansonsten am Handy klebt. Von wegen Generation Klimakleber. Die meisten Teenager, die sie kennt, sind Handykleber. Und ihre politischen Informationen bekommen sie von YouTube und TikTok. Na hurra! Was soll da schiefgehen?

Ein Geräusch reißt Yasira aus ihren Gedanken. Neben ihr gurrt etwas. Sie blickt sich um. Dort im Gang steht eine Taube. Na, so was, eine Taube in der S-Bahn. Wo sie wohl hinwill? Vielleicht zum Alexanderplatz? Freundinnen treffen? Die Taube blickt Yasira an, als hätte sie alles Recht der Welt, in dieser S-Bahn zu sein. Und wer weiß! Vielleicht hat sie ja sogar einen Fahrschein.

»Ey, du! Du bist doch die Schlampe!«

Ein leicht lallender Kerl lenkt Yasiras Aufmerksamkeit von der Taube ab. Unangenehmer Typ. Schon zum Feierabend angesoffen.

»Du bist doch die Schlampe von der Polizei! Ich hab dein Bild gesehen! Du siehst genau aus wie die!«

Der Typ wankt auf Yasira zu. Erst jetzt realisiert sie, dass er mit ihr gesprochen hat. Schnell steht sie auf. Falls es zu einem handgreiflichen Konflikt kommen sollte, was man bei solchen Leuten nie ausschließen kann, ist die sitzende Position eine denkbar ungünstige Ausgangslage.

Der Mann ist Yasira schon bedrohlich nah, als er fragt: »Wie fändest du's, wenn man dir das antun würde, was die Schweine Lara angetan haben, hm?«

»Das Mädchen heißt Lena«, erwidert Yasira nur.

»Deckst deine schwarzen Brüder, wie?«, lallt der Typ. »Bist eine Schande für die Polizei, du Nutte.«

Er ist fast einen Kopf größer als Yasira. Wahrscheinlich

bringt er auch fast doppelt so viel auf die Waage wie sie. Im Gegensatz zu dem, was einen das moderne Actionkino glauben machen will, ist das ein Problem. Selbst für eine Frau mit Kampftraining. Die Typen haben meist einen nicht zu unterschätzenden Massevorteil. Aber das Arschloch ist betrunken. Verlangsamte Reaktionen. Also schlüpft Yasira unter dem Arm durch, mit dem sich der Kerl an der oberen Haltestange festhält, steht nun hinter ihm, nimmt seinen anderen Arm und dreht diesen auf seinen Rücken.

Er schreit überrascht auf, als sie seine Finger nach hinten biegt. Yasira tritt ihm in die Kniekehle, zwingt ihn auf die Knie und kehrt damit den Größenvorteil um.

»Hör zu, Arschloch«, flüstert sie in sein Ohr. »Ich bin eine Beamtin des Bundeskriminalamts, Arschloch. Das ist die Polizei, verstehst du das, Arschloch? Es bedeutet, ich kann dich so oft Arschloch nennen, wie ich will, Arschloch. Aber wenn du, Arschloch, mich Schlampe oder Nutte nennst, dann ist das Beamtenbeleidigung. Also wie hast du mich gerade genannt, Arschloch?«

»Gar nichts …«, stammelt der Mann. »Ich hab gar nichts gesagt.«

»Aha.«

Die anderen Fahrgäste glotzen nur. Ein junger Mann klatscht Beifall. Danke für nichts. Wenn er interveniert hätte, wäre Yasira mehr geholfen gewesen. Die S-Bahn fährt in den nächsten Bahnhof ein. Yasira lässt den Kerl los und steigt aus, obwohl es gar nicht ihre Station ist. Eigentlich hätte der Typ aussteigen sollen. Aber was, wenn er sich geweigert hätte? Außerdem braucht Yasira frische Luft. Die S-Bahn fährt wieder an. Das Arschloch ist dringeblieben. Yasira wartet auf die nächste Bahn. Natürlich fällt ausgerechnet diese aus. Also steht sie zwanzig Minuten in der Kälte. Ein beschissenes Ende für einen beschissenen Tag.

Aber dann kommt Yasira nach Hause und findet ihre Tochter im Wohnzimmer, wo sie auf der Couch sitzt und *Friends* schaut. Ohne etwas zu sagen, schlüpft Yasira neben sie unter die Decke. Zara reicht ihrer Mutter ihre noch halb volle Tasse mit Pfefferminztee. Yasira trinkt den Tee dankbar aus. Sie überlegt, ob sie Zara von der Attacke in der S-Bahn erzählen soll, entscheidet sich dann aber dagegen. Sie will ihr keine Angst machen. Stattdessen lehnt sie den Kopf gegen die Schulter ihrer Tochter und schläft in der Mitte der zweiten Folge ein. Sie hat unruhige Träume. Selbst im Schlaf bleibt sie nicht von neuen Videos verschont, die die Situation immer weiter eskalieren lassen.

DER MÜTZENMANN

Irgendwann in der Nacht muss Yasira in ihr Bett umgezogen sein. Jedenfalls wacht sie dort auf. Noch bevor sie die Decke von sich wirft, beschließt sie, heute mit dem Auto zur Arbeit zu fahren. Der gestrige Vorfall hat ihr das S-Bahn-Fahren verleidet. Sie wartet, bis Zara aus dem Haus ist, schnappt sich die Schlüssel für den Golf und fährt zu den Treptowers.

Wieder ist es Jenny, die das Video als Erste entdeckt. Sie kommt zu Michael und Yasira ins Büro. »Neues Video«, sagt sie nur. »Hab dir den Link per Mail geschickt.«

Yasira wartet, bis Michael den Schreibtisch umrundet hat, dann drückt sie auf Play.

Diesmal ist es der Mützenmann, der mit Kabelbindern gefesselt in einer Garage kniet. Das Video ist schlechter ausgeleuchtet als das letzte. Yasira vermutet sofort, dass es aus einer anderen Quelle stammt. Die Garage ist nicht leer geräumt, aber der Hintergrund verschwimmt im Dunkel. Vom Mützenmann kann man eigentlich nur die Baseballcap richtig gut erkennen.

Ein vermummtes Mitglied des Aktiven Heimatschutzes läuft vor seinem Opfer auf und ab. Dass der Kerl sich zum

Aktiven Heimatschutz rechnet, erkennt man an dem Logo auf seiner Pseudouniform. Im Gegensatz zum ersten Killer hat er keine MP, sondern nur eine Pistole.

»Im Namen des Aktiven Heimatschutzes und des deutschen Volkes«, sagt der Mann abgehackt, »verurteile ich diesen eingewanderten, illegalen Vergewaltiger und Mörder Lena Palmers zum Tode. Das Urteil werde ich sofort vollstrecken. Schließt euch dem Aktiven Heimatschutz an!«

Trotz der digitalen Verzerrung hört man eindeutig einen hessischen Singsang in der Stimme. Es wäre zum Lachen, würde das Video nicht wieder so verdammt tödlich enden.

»Wenn das nicht unser Rotfuchs ist«, spricht Michael aus, was alle denken.

»Melden, flaggen, sperren«, sagt Yasira. »Zumindest im legalen Teil des Netzes müssen wir die Verbreitung stoppen.«

Jenny nickt. »Ich setze mich sofort dran.«

Das Internet, man merkt es an den ersten Kommentaren, kommt schon wieder auf Temperatur.

Yasira lässt Rotfuchs zur deutschlandweiten Fahndung ausschreiben. Dann geht sie in Karstens Büro und bespricht das Video mit ihm.

»Was ist das für eine Waffe?«

»Wenn ich mich nicht täusche, ist es eine Flobert Grand Power 4 mm«, sagt Karsten. »Wahrscheinlich aufgebohrt. Oder abgekocht.«

»Abgekocht?«

»Diese Kleinkaliberwaffen sind in der Slowakei frei handelbar. Sie werden zu uns geschmuggelt und dann umgebaut. Eine Möglichkeit ist es, die Waffe 'ne halbe Stunde in Wasser köcheln zu lassen, bis sich der eingeklebte Lauf löst, und diesen dann durch einen 9-mm-Lauf zu ersetzen.«

»Schwarzmarkt also«, sagt Yasira.

»Würde ich drauf wetten.«

Kaum ist Yasira zurück in ihrem eigenen Büro, da berichtet Katja Grebe, dass die Software einen Treffer ausgespuckt hat. Im Gegensatz zu Bär, der keine Vorstrafen zu haben scheint, ist Rotfuchs nämlich ein straffälliger Neonazi, das bedeutet, er ist aktenkundig, sein Bild, seine Daten sind im System hinterlegt. Mit anderen Worten: Er ist einfach zu finden. Der Mann heißt Martin Riedel.

Yasira vergleicht das Foto, das bei einer seiner Verhaftungen gemacht wurde, mit dem Video, in dem sich Rotfuchs zum Aktiven Heimatschutz bekennt. Eindeutig. Aktuell wohnt Riedel in Dürrhahnbach im Nordosten Sachsens.

Was für ein Ortsname, denkt Yasira, als sie ihn ins Navi eingibt. Michael rast mal wieder wie ein Wahnsinniger. Yasira will unbedingt vor der GSG 9 da sein. Aus Erfahrung weiß sie, dass der Erkenntnisgewinn deutlich größer ist, wenn man beim Einsatz dabei ist und nicht nur später einen immer irgendwie geschönten Bericht liest. Die Antiterroreinheit des Bundes muss ebenfalls aus Berlin anreisen. Am Ende treffen sie fast zeitgleich ein. Während Michael und Yasira noch ihre Schutzwesten anlegen, geht das schwer bewaffnete Kommando schon in Position.

»Wir sind bereit«, meldet der GSG-9-Einsatzleiter. »Bitte ziehen Sie sich jetzt zurück.«

Leider – oder zum Glück, je nachdem, wen man fragt – ist es extrem unüblich, dass Ermittlungsbeamte an solch einem Zugriff teilnehmen.

»Seien Sie vorsichtig, der Mann ist sehr wahrscheinlich bewaffnet und gefährlich«, sagt Yasira.

Der Einsatzleiter nickt. »Das sind sie immer, wenn wir gerufen werden.«

Auf seinen Befehl hin stürmen die Polizisten Riedels Haus von vorn und hinten gleichzeitig. Yasira wartet einen Augenblick, dann folgt sie mit gezogener Waffe denjenigen, die die Vordertür aufgebrochen haben.

»Was tust du denn da?«, zischt Michael hinter ihr.

»Ich will mit eigenen Augen sehen, wie er reagiert und was er gerade macht. Ein Bericht reicht mir nicht.«

Michael ächzt, zieht seine Waffe und folgt Yasira.

Sie finden Rotfuchs in seinem Wohnzimmer, wo er an einem schrecklich unordentlichen Schreibtisch vor einem Computer sitzt. Er scheint überrascht davon, dass die Läufe mehrerer Maschinenpistolen auf ihn gerichtet sind.

Der Einsatzleiter ist sichtlich verärgert darüber, dass Yasira und Michael aufgetaucht sind, sagt aber nichts.

»Martin Riedel, Sie sind verhaftet«, sagt Yasira. »Sie stehen unter dringendem Tatverdacht, einen Mord begangen zu haben.«

Riedel braucht einen Moment, um sich zu fassen, dann sagt er in seinem bekannten Singsang: »Da muss ein Irrtum vorliegen! Was fällt Ihnen ein, einfach so ins Haus eines unbescholtenen Bürgers einzudringen! Das ist ja schlimmer als im Kommunismus.«

»Ich muss Sie bitten, uns widerstandslos aufs Revier zu folgen …«

»Einen Teufel werde ich!«, ruft Riedel. »Ich hab nichts verbrochen, außer meine Meinung kundzutun. Darf man in diesem Land nicht mal mehr …«

Der Einsatzleiter erhält einen Funkspruch, danach tritt er an Yasira heran und unterbricht Riedels Litanei. »Frau Hauptkommissarin, meine Leute haben in der Garage eine Leiche gefunden.«

Unfassbar, denkt Yasira. Wie dumm kann man sich anstellen? Wie ist dieser Typ nur bisher durchs Leben gekommen? Und dann diese Selbstgerechtigkeit. Er muss doch gewusst haben, dass sie die Leiche in der Garage finden werden. Hat er ernsthaft geglaubt, sie mit seiner gespielten Empörung ablenken zu können? Was ist sein Ziel?

»Führen Sie ihn ab«, sagt Yasira.

Der Einsatzleiter gibt zweien seiner Leute ein Zeichen, und diese rücken vor. Plötzlich greift Riedel unter die Zeitschriften auf seinem Schreibtisch, holt eine Pistole hervor und richtet sie auf Yasira. Im nächsten Moment trifft ihn der Kolben einer MP hart am Kopf, und er rutscht vom Stuhl. Der zweite Polizist tritt Riedel mit seinem schweren Stiefel auf die Hand. Es knackt. Er kickt die Pistole zur Seite. Der Einsatzleiter nimmt sie vorsichtig auf, als wolle er keine Fingerabdrücke verwischen. Als ob das nötig ist, denkt Yasira. Der Arsch hat die Waffe ja vor aller Augen auf sie gerichtet. Es ist die umgebaute Flobert aus dem Video.

Riedel wird unter Schmerzensschreien in Handschellen gelegt. Offensichtlich hat ihm der Tritt die Hand gebrochen. Fluchend wird er aus dem Haus gezerrt. Erst danach realisiert Yasira, dass der Mann bereit gewesen ist, auf sie zu schießen. Auf eine Polizistin! Ohne die geringste Chance davonzukommen. Was war nur los in diesem Land?

»Alles in Ordnung?«, fragt Michael.

Yasira nickt. Sie atmet tief ein und aus. »Bei mir jedenfalls.«

Sie geht um den Schreibtisch herum. Die Zeitschriften darauf sind Ausgaben von *Compact* und *Zuerst!*. Riedel hat 8kun in seinem Browser geöffnet. Er hat sich wohl gerade die Kommentare unter einer Kopie seines Exekutionsvideos durchgelesen. Es ist alles so traurig.

Michael und Yasira verlassen das Haus durch die zertrümmerte Tür und machen sich auf den Weg zur Garage. Inzwischen hat sich draußen eine kleine Traube von schaulustigen Dürrhahnbachern gebildet, die beobachten, wie ihr Nachbar mit Handschellen gefesselt in den Käfig eines Gefangenenkraftwagens gesperrt wird. Natürlich fotografieren und filmen die ersten bereits.

Yasira deutet auf die Leute. Sie muss gar nichts sagen. Der Einsatzleiter, der ihnen aus dem Haus gefolgt ist, nickt nur. Er geht auf die Schaulustigen zu. Schon an seinem Schritt erkennt man, dass diese sich auf eine kalte Dusche Polizeiautorität einstellen dürfen.

ROTFUCHS

Mitten in der Garage liegt ein toter schwarzer Mann. Riedel hat seinem knienden Opfer die Pistole auf den Hinterkopf gesetzt und abgedrückt. Die Kugel ist unter dem Kinn wieder ausgetreten. Das Gesicht des Mannes ist noch intakt, und er ist, bei Licht betrachtet, ganz offensichtlich keiner von Lenas Vergewaltigern. Er hat mit diesen außer der Mütze nur seine Hautfarbe gemein.

»Scheiße!«, murmelt Yasira.

»Glaubst du«, fragt Michael, »der Rotfuchs hat einfach den ersten Schwarzen mit Mütze entführt, der ihm über den Weg gelaufen ist?«

»Wenn er ihm die Mütze nicht sogar selbst aufgesetzt hat.«

»Wahrscheinlich musste er ein gutes Stück dafür fahren«, sagt Michael. »Kann mir kaum vorstellen, dass er den armen Kerl hier in Dürrhahnbach gefunden hat.«

»Denk an die vielen falschen Fährten, die uns die Hinweise aus der Bevölkerung beschert haben«, sagt Yasira. »In ihren Telegram-Gruppen schicken sich die Mitglieder des Aktiven Heimatschutzes ebenfalls Hinweise.«

»Und wahrscheinlich sind sie ebenso falsch«, murmelt Michael.

Yasira blickt auf den toten Unschuldigen in der Garage.

»Offensichtlich.«

Das Opfer ist schnell identifiziert, da seine Ausweispapiere in seiner Jacke stecken. Einer der Spurensicherer, die gleichzeitig mit Yasira und Michael eingetroffen sind und jetzt schon über den Tatort wimmeln, reicht sie Yasira. Der Name des Opfers ist Tesfaye Yemane, ein einundzwanzigjähriger Asylbewerber aus Eritrea.

Später beim Verhör bestätigt sich Yasiras Verdacht, dass Rotfuchs nicht die hellste Kerze auf der Torte oder – wenn man beim Thema bleiben will – nicht die hellste Fackel auf dem Marsch ist. Aber er gibt sich widerspenstig. Auf Yasira reagiert er besonders ablehnend.

»Mit so einer rede ich nicht …«, faucht er nur. Dabei lässt er offen, ob sein Problem ist, dass Yasira eine Frau ist, oder ob ihm nur ihre Hautfarbe nicht passt. Normalerweise würde das für Yasira ein Grund sein, den Dreckskerl erst recht in die Zange zu nehmen. Aber in diesem Fall ist ihr einziger Fokus, schnell an möglichst viele Informationen zu kommen. Also überlässt sie ihrem Kollegen das Verhör und beobachtet nur.

Rotfuchs zeigt keinerlei Reue. Selbst als Michael ihm klarmacht, dass er garantiert einen Unschuldigen erschossen hat, sagt er nur: »Hauptsache, einer weniger.«

Wahrscheinlich hat er von Anfang an gewusst, dass er es mit einem Unschuldigen zu tun hat.

Yasira hasst den Mann. Soweit es in ihrer Macht steht, wird sie ihm das Leben zur Hölle machen. Die Katjas sollen herausfinden, welches deutsche Gefängnis die wenigsten weißen Insassen hat. Dorthin würde sie das Arschloch stecken. Aber natürlich ist das nur Fantasie. Es liegt nicht in ihrer Hand, wo der Mistkerl landet.

»Und, was meinst du?«, fragt Yasira, als sie den Verhörraum verlassen.

»Würde mein Abendessen darauf verwetten, dass der Typ ein Einzeltäter ist«, sagt Michael.

»Sind Füchse nicht auch Einzelgänger?«

»Glaube schon.«

»Also ein Nachahmer?«, fragt Yasira.

»Die einzige Verbindung zu Bär scheint mir, dass er geradezu manisch oft dessen Videos angesehen hat.«

»Kann man von uns auch behaupten …«

»Auf gewisse Weise«, sagt Michael, »können wir dem Rotfuchs dankbar sein. Immerhin hat er uns unseren ersten richtigen Ermittlungserfolg beschert.«

Yasira schnaubt.

»Zumindest lässt es sich nach außen so präsentieren«, fährt Michael fort.

»Auch wenn seine Tat in Wahrheit nichts mit dem Lena-Video zu tun hat, außer dass er es gesehen hat«, murrt Yasira.

»Trotzdem«, sagt Michael.

»Und ich bin angeblich die Zynikerin …«, murmelt Yasira.

Aber ihr Kollege hat ja recht. Die schnelle Verhaftung wird Schlagzeilen machen. Im besten Fall hält sie andere Möchtegernheimatschützer davon ab, zur Waffe zu greifen. Nur Tesfaye Yemane hat leider nichts davon.

Sie sind schon auf dem Weg zurück nach Berlin, als der Chef anruft. Er ist über den Erfolg genauso glücklich wie Michael.

»Damit haben Sie sich Zeit verschafft«, sagt er. »Damit haben Sie *uns* Zeit verschafft.«

»Aber ...«

»Nichts aber!«

Also schweigt Yasira.

»Die Innenministerin gibt noch heute Abend eine Pressekonferenz«, sagt Gebhardt. »Kommen Sie dazu.«

»Was?«, fragt Yasira überrascht. Die Vorstellung erschreckt sie. »Warum? Das ... das ist ... das ist doch nicht üblich.«

»Politik denkt in Bildern, Frau Saad. In Emotionen. Die Innenministerin will, dass gerade in diesem Fall nicht nur ein Haufen weißer Männer vor den Kameras sitzt.«

»Aber das ist überhaupt nicht mein Job!«, empört sich Yasira.

»Sie sind das Gesicht dieser Ermittlungen«, sagt der Chef. »Die Innenministerin hat sich gewünscht, dass Sie anwesend sind, also sind Sie anwesend. Verstanden?«

Yasira seufzt. »Verstanden.«

Sie legt auf.

»Was ist los?«, fragt Michael.

»Ich muss auf die PK«, stöhnt Yasira.

Michael lacht, weiß er doch, wie sehr Yasira öffentliche Auftritte hasst.

»Das ist nicht witzig!«, sagt sie und boxt ihn gegen die Schulter.

Vor der Konferenz sitzt Yasira mit Jenny zusammen im Raum hinter dem Podium und geht die wichtigsten Punkte durch. Sie ist nervöser als vor dem Zugriff heute Mittag.

»Wie hieß das Opfer noch mal?«

»Tesfaye Yemane«, sagt Jenny. »Tesfaye bedeutet übrigens Hoffnung.«

»Woher weißt du das denn?«

»Hab's gegoogelt.«

Yasira schüttelt den Kopf. »Hoffnung. Wie traurig. Kommt es dir auch manchmal so vor, als spielte das Schicksal ein perfides Spiel mit uns?«

Jenny geht nicht darauf ein. »Wir haben versucht, Verwandte ausfindig zu machen, aber noch keinen Erfolg gehabt. Er scheint allein nach Deutschland gekommen zu sein.«

»Und in Eritrea?«, fragt Yasira.

»Was weißt du über Eritrea?«, fragt Jenny.

Yasira überlegt. »So gut wie nichts.«

»Man nennt es ›das Nordkorea Afrikas‹«, berichtet Jenny. »Die Diktatur ist eisern, die Zensur allgegenwärtig, Zwangsarbeit gang und gäbe.«

»Es ist kein sonderlich kooperativer Staat ...«, vermutet Yasira.

Jenny nickt. »Keine Ahnung, ob Tesfayes Eltern jemals erfahren werden, welches traurige Ende ihr Sohn hier gefunden hat.«

Yasira seufzt.

»Hätte ich dort leben müssen«, sagt Jenny, »ich wäre auch geflüchtet.«

Auf der Pressekonferenz muss Yasira dann gar nicht viel sagen. Es ist nicht nur die Innenministerin, sondern auch ein Pressesprecher des BKA und der Generalbundesanwalt anwesend. Und die wichtigen Leute hören sich alle gern reden. Es gibt große Aufregung, als der Generalbundesanwalt verkündet, dass Rotfuchs' Opfer keiner der Vergewaltiger Lenas war. Nachrichten schwirren an die Redaktionen. Alle wollen die Ersten sein, die diese neue Stufe des Dramas vermelden. Die Bevölkerung wird gebeten, ruhig zu bleiben und die Strafverfolgungsbehörden ihre Arbeit machen zu lassen.

Genauso gut hätte man einen Topf voll Milch, der auf einer Herdplatte auf Stufe 12 steht, bitten können, nicht überzukochen, denkt Yasira. Am Ende der PK hat sie selbst noch ihren großen Auftritt und darf berichten, dass die Ermittlungen laufen, es vielversprechende Spuren gibt, sie aber aus ermittlungstaktischen Gründen zum jetzigen Zeitpunkt nicht mehr sagen kann. Es ist eine Chiffre für »Wir wissen noch nichts Konkretes«. Und natürlich ist das auch der versammelten Presse klar.

Nach der PK schüttelt ihr die Innenministerin noch schnell die Hand und bittet sie dabei, den Fall so schnell wie möglich aufzuklären. Ach so, hätte Yasira fast gesagt, na, wenn Sie das wünschen, dann hören wir auf zu trödeln, das konnte ich ja nicht wissen. Aber natürlich nickt sie nur brav.

Selbst zu Hause lässt Yasira der Fall nicht los. Die Nachrichten sind voll davon. Immer wieder sieht sie auch sich selbst. Das gefällt ihr gar nicht. Damit ist sie ganz offiziell das Gesicht der Ermittlungen geworden und noch mehr in der Schusslinie. Nur weil »Politik in Bildern denkt«.

Noch für den Abend haben mehrere linke Gruppen spontan zu einer Mahnwache für den ermordeten Tesfaye aufgerufen. Rechte Kanäle hetzen dagegen. Der Aktive Heimatschutz mobilisiert seine Mitglieder.

Zara ist nicht zu Hause, sondern mit Freunden im Kino. Obwohl Yasira weiß, wo ihre Tochter ist, macht sie sich Sorgen. Die Stimmung in der Stadt ist so aufgeladen und aggressiv. Trotzdem zwingt sie sich, nicht ständig bei Zara anzurufen. Sie will nicht helikoptern.

Während sie sich etwas zu essen macht, lässt sie den Fernseher laufen. Der rbb berichtet von regelrechten Straßenschlachten zwischen Rechtsradikalen und Antifa. Yasira ist froh, diese nur auf dem Bildschirm miterleben zu müssen. Bis die Polizei alles wieder unter Kontrolle bringen kann, gibt es einen weiteren Toten. Ein einundzwanzigjähriger Antifaschist, Student an der Freien Universität, ist von einem Stein am Kopf getroffen worden. Wer den Stein geworfen hat, kann nicht rekonstruiert werden. Über hundert Menschen werden im Zusammenhang mit der Straßenschlacht verhaftet. Sie schaltet den Fernseher auf stumm. Die Stille ist unerträglich. Sie hält es nicht mehr aus und ruft ihre Tochter an.

»Ich bin gleich zu Hause«, sagt Zara sofort. »Mach dir keine Sorgen.«

»Es ist nur …«, beginnt Yasira. »In den Nachrichten …«

»Hab's gesehen. Bin gleich da.«

Yasira legt auf und stellt den Fernseher wieder auf laut.

Alles ist noch viel schlimmer gekommen, als sie es befürchtet hat. Und es ist ja noch lange nicht vorbei. Für übermorgen sind große Demonstrationen angemeldet. Von rechts und gegen rechts. Die Polizeigewerkschaft fordert von der Berliner Innensenatorin, mehr Verstärkung aus anderen Bundesländern zu erbitten. Man befürchtet gewaltsame Ausschreitungen.

DIE UNFASSBARE GLEICHZEITIGKEIT VON ALLEM

Es ist wieder Mittwoch. Vor einer Woche hatte sie ihr Date mit Stefan. Vor einer Woche hat sie das Video zum ersten Mal gesehen. Yasira liegt im Bett und will nicht aufstehen. Es ist diese unfassbare Gleichzeitigkeit von allem, die ihr zu schaffen macht. Die verschwundene Lena, die Sorge um ihre Tochter, um ihre Karriere, die Kriege, der Terror, der Wunsch, mal wieder Sex zu haben, Tinder-Stefans, der ermordete Tesfaye, die Klimakrise, ihr bescheuerter Ex-Mann, die glückliche Familie ihrer Schwester, überhübsche Influencerinnen, der Tote auf der Demo, Werbung für Müllermilch, Fentanyl, die Rückkehr des Faschismus, Minka auf Lenas Bett, der Aktive Heimatschutz, ihr möglicherweise heimlich schwuler Kollege, Frank Palmers Salanje, die Liebenden mit den Tüchern über dem Kopf, Töpfchen, die Lambada spielen, das Video. All das spukt ihr gleichzeitig im Kopf herum. Wie soll man da nicht verrückt werden? Sie zieht sich die Decke über den Kopf. Im Mittelalter, denkt sie, wäre ich schon tot.

Es ist die Musik aus dem Zimmer ihrer Tochter, die sie

schließlich aus dem Bett holt. Yasira klopft an Zaras Tür und tritt dann ein, ohne ein »Herein!« abzuwarten. Das ist gar keine böse Absicht, nur Gewohnheit. Trotzdem wappnet sich Yasira schon innerlich für den Anschiss, den sie gleich bekommen wird, doch Zara sagt gar nichts dazu. Sie guckt nur, und Yasira muss besonders schlimm aussehen, denn ihre Tochter fühlt sich sogar genötigt, nach ihrem Wohlbefinden zu fragen.

»Du siehst richtig kacke aus«, sagt sie. »Alles klar?«

»Nein«, erwidert Yasira. »Im Gegenteil. Fast alles ist irgendwie unklar.«

Zara sitzt an ihrem Schreibtisch vor dem Schminkspiegel. In der Ladestation steckt ihr Handy, auf dessen Display sieht Yasira die verhasste Influencerin, nach deren Vorbild sich ihre Tochter stylt.

»Dein Fall ist ja wirklich krass«, sagt Zara. »Wie läuft es eigentlich?«

Yasira lässt sich auf Zaras Bett fallen und starrt an die Decke.

»Es läuft ... schlecht«, sagt sie. »Wir haben noch nicht mal den Tatort gefunden.«

»Ist das denn so wichtig?«

»Na ja. Unsere Kriminaltechniker sind wirklich Weltklasse. Ehrlich. Es gab mal einen Fall, da wurde ein Mörder überführt, weil sie nachgewiesen haben, dass ein Blatt, das man im Kofferraum seines Autos gefunden hatte, nicht einfach nur ein Rotbuchenblatt war, nein, sie konnten sogar beweisen, dass es zu einer ganz bestimmten Rotbuche gehörte. Jener nämlich, unter der man die Leiche der Ehefrau des Verdächtigen gefunden hatte. Was ich damit sagen will, ist: Sobald wir Spuren von Opfer oder Täter haben, sind wir verdammt gut. Aber ohne Tatort keine Spuren. Keine Spur zu Lena, keine zu den Vergewaltigern.« Yasira seufzt.

»Ich hab dich in den Nachrichten gesehen«, sagt Zara.

»So?«

»Da sahst du auch schon ziemlich fertig aus.«

Yasira atmet tief ein und aus. »Danke.«

»Meine Güte! Bleib locker. No offense.«

Und das von Miss Touchy. Yasira verkneift sich eine Replik. Sie ist zu fertig zum Streiten.

Stattdessen blickt sie auf das Bild der Influencerin auf Zaras Handy.

»Wer ist das eigentlich?«

»Das ist Mila.«

»Spielt sie Volleyball?«

»Was?«

»Nichts. Neunziger-Humor.«

Zara verdreht die Augen.

»Was kann Mila denn?«, fragt ihre Mutter. »Ist sie Sängerin? Sportlerin? Schauspielerin?«

Zara lächelt.

»Nichts dergleichen.«

Zu meiner Zeit, denkt Yasira, da musste man noch was können, um berühmt zu … Aber dann bricht sie den Gedanken ab. Wahrscheinlich stimmt das nicht einmal.

»Du weißt schon, dass dir diese Bilder ein unerreichbares Schönheitsideal vorgaukeln?«, fragt sie stattdessen. »So sieht die nicht wirklich aus. Erstens benutzt die mehr Schminke als der Joker. Und zweitens legen die da zahlreiche Photoshop-Filter drüber und …«

Zara lacht. Sie hat sofort durchschaut, dass Yasira selbst nur ein äußerst rudimentäres Verständnis von dem hat, was sie da sagt.

»Ich meine nur, diese Mila ist nicht in echt so …«

»Natürlich ist sie nicht echt, Mama«, sagt Zara. »Das weiß ich. Das ist kein Geheimnis. Nur die beschränktesten von Milas Followern halten sie für echt. Ich meine, es steht sogar in ihrer Beschreibung, dass sie eine künstlich generierte Person ist. Für die meisten, die so tun, als gäbe es sie wirklich, ist das nur ein Spiel.«

Yasira setzt sich abrupt auf. »Was sagst du da?«, fragt sie. Irgendwelche Neuronen in ihrem Gehirn drücken gerade vehement auf den Aufzugknopf.

»Na, Mila ist eine komplett virtuelle Figur. Am Computer erzeugt.«

Yasira steht auf und reißt das Handy geradezu aus der Ladestation. Sie wischt sich durch Milas TikTok-Account.

»Aber … aber … das sind nicht nur Bilder. Das sind Videos. Sie tanzt, sie singt, sie macht Yoga, verdammt noch mal.«

Zara zuckt mit den Schultern.

»Das heißt«, fragt Yasira, »es gibt eine Schauspielerin, die so tut, als wäre sie eine virtuelle Influencerin?«

Zara schüttelt den Kopf. »Ernsthaft, Mama? Nein. Es gibt keine Schauspielerin. Es gibt keine Drehorte. Es gibt keinen Dreh. Die Videos sind am Computer gemacht.«

»Wie bitte? Wie geht das?«

Zara lacht. »Wie das geht? Keine Ahnung. Aber hast du noch nix von ChatGPT und so mitgekriegt?«

Natürlich hat sie davon gehört. Aber das ist Text. Und wie sie gehört hat, auch sehr unzuverlässig. Manchmal sind die Ergebnisse erstaunlich, ein anderes Mal völlig unbrauchbar.

»Und das gibt's halt auch für Bilder und neuerdings sogar für Videos. Das ist noch nicht frei verfügbar und so. Aber Milas Erfinder haben halt den Shit auf ihren Rechnern.«

Yasira sitzt da, wie vom Blitz getroffen. Der Anfang von *Bohemian Rhapsody* schwirrt durch ihren Kopf. Is this the real life? Is this just fantasy?

»Was hast du denn?«, fragt ihre Tochter. »Du bist ganz blass.«

»Seit einer Woche«, entfährt es Yasira, »fahnden wir nach den Personen in diesem verdammten Video. Und wir finden nichts. Keine einzige Spur.« Fast hat Yasira Angst davor, ihren nächsten Gedanken auszusprechen, so ungeheuerlich erscheint er ihr selbst. Sie tut es trotzdem. »Was, wenn es daran liegt, dass es die Personen gar nicht gibt?«

»Hä?«

»Nein, nein. Das ist unmöglich. Lena gibt es wirklich. Gab es wirklich. Ah … verdammt! Ich habe mit ihrem Vater gesprochen. Mit ihren Lehrern. Es sei denn …«

Sie hat immer noch das Mobiltelefon ihrer Tochter in der Hand und ruft Lena Palmers Instagram-Account auf. Er ist inzwischen riesig. Gewinnt jeden Tag neue Follower. Sie zeigt ihrer Tochter die Fotos und Videos von Lena.

»Glaubst du«, fragt sie, »man könnte diese Bilddaten als Vorlage benutzen, um eine virtuelle Lena zu generieren?«

METASTASEN

»Eine virtuelle Lena?« Zara überlegt. »Möglich«, sagt sie schließlich. »Es gibt jedenfalls allerhand Promiporn. Also Pornos, wo Promigesichter auf die Körper der Darsteller gelegt worden sind. Das ist oft cringe, aber manchmal richtig gut.«

»Woher weißt du denn so was?«, fragt Yasira etwas geschockt, während ihre Gedanken gleichzeitig weiterrasen.

»Sei nicht naiv, Mama. Das ist die Scheiße, mit der sich meine Generation die ganze Zeit rumschlagen muss.«

Yasira merkt, dass sie Zara gar nicht richtig zuhört. So sehr arbeiten die neuen Ideen in ihrem Kopf.

»Ich muss ins Büro«, sagt sie darum. »Soll ich dich in der Schule absetzen?«

»Was?«, fragt Zara, als hätte ihre Mutter vorgeschlagen, dass sie heute in die Kita statt die Schule geht.

»Ich dachte nur, weil ...«

»No offense, Mama. Aber das wäre echt uncool.«

Also drückt Yasira ihrer davon etwas peinlich berührten Tochter nur einen Kuss auf den Kopf. »Hab dich lieb. Pass auf dich auf.«

Kaum im Büro, setzt sich Yasira sofort an den Computer und fräst sich durch alle möglichen Infos, die sie zu Mila findet. Das ganze Internet scheint voll davon. Schon im Juni 2018 ist sie auf einer Liste der »25 einflussreichsten Leute im Internet« des TIME *Magazine* gelandet. Wie konnte Yasira das alles verpasst haben? Und nicht nur sie. Es ist ja wohl an ihrer ganzen Generation vorbeigerast. Und an den Älteren sowieso.

Die Fortschritte, die Mila in den wenigen Jahren ihrer Existenz schon gemacht hat, sind bemerkenswert. Sah sie zu Beginn noch sehr unecht aus, sind die letzten Bilder und Videos wirklich erstaunlich. Ein Clip zeigt sie bei einem Abklatschspiel mit Freunden. Nie im Leben hätte Yasira die Echtheit dieser Aufnahme angezweifelt. Wieso auch?

Als Michael hereinkommt und ihr einen Kaffee anbietet, winkt sie ihn nur weg, als wäre er ein lästiges Haustier.

»Hast du eine Spur?«, fragt er sofort.

»Vielleicht«, sagt Yasira, ohne zu ihm zu blicken. »Lass mich. Später.«

Michael zuckt mit den Schultern, stellt beide Kaffeetassen auf seinen Tisch, macht seinen Rechner an und starrt dann erst mal eine Weile aus dem Fenster.

Yasira hat derweil ihren Suchradius erweitert. Sie ist weg von Mila und sucht Informationen über computergenerierte Bilder im Allgemeinen. Wie ihre Tochter gesagt hat, gibt es bereits unzählige Deepfakes. Es ist wie eine Krebserkrankung. Sie hat zuerst das Internet befallen, und jetzt bilden sich Metastasen in der echten Welt. Manches ist harmlos. Gutartig sozusagen. Stallone als Terminator, Jim Carrey in *The Shining*, Schwarzenegger in *Sound of Music*. Olaf Scholz, der die AfD verbieten will. Es gibt Boris Johnson, der zur Wahl von Jeremy Corbyn aufruft, nur um am Ende selbst zu enttarnen, dass es sich bei diesem Video um eine Warnung vor Deepfakes handelt. Yasira findet Elon Musk, der, so sieht es jedenfalls aus, eine neue Liebe gefunden hat: Mary Barra – die Chefin von General Motors.

Sowohl Google als auch OpenAI haben mit *Lumiere* respektive *Sora* Videogeneratoren vorgestellt, die anhand einer simplen Texteingabe wirklich faszinierende Clips erstellen können. Fotorealistische Close-ups von Menschen, Hundebabys, die im Schnee spielen, eine Herde Mammuts im Gebirge, »historische« Aufnahmen von Kalifornien während des Goldrausches, ein Panda, der Mandoline spielt.

Aber nicht alles ist so ungefährlich. Yasira findet eine Website, die damit wirbt, dass man mit ihrer Hilfe jeden Menschen auf einem Bild ausziehen kann. Man lädt dort Fotos hoch, markiert die Kleider, die wegsollen, und gleich darauf generiert die Software ein sogenanntes »Deepnude«. Angeblich hat die Seite über hunderttausend tägliche Nutzer.

Wie Zara gesagt hat, gibt es unzählige Pornos, bei denen die Gesichter von nichts ahnenden Prominenten (oder im noch widerlicheren Fall von Mitschülerinnen) die Gesichter von Porno-Darstellerinnen ersetzen. Und dann gibt es da natürlich noch die AfD, die wissend, dass es sich um Fälschungen handelt, gefakte Fotos von aggressiven Flüchtlingen teilt, die sogar gezielt Bilder generiert, um ihre Online-Hetze zu untermalen. Davon hat Yasira gehört, auch wenn sie sich damals wenig für die Berichte interessiert hat. Zu wenig, denkt sie jetzt. Die Bilder sind nicht besonders gut, wer genau hinguckt, kann sie schnell als Fake entlarven. Aber wer guckt schon genau hin? Die AfD-Leute sind offensichtlich Amateure. Sie seien »dankbar für die neue Technologie«, hat einer der Kerle in einem Interview dazu gesagt. AfD – Amateur-Faker-Deutschland.

Was aber, wenn sich dieses Mal jemand rangesetzt hat, der wirklich Ahnung von Deepfakes hat?

Yasiras Augen brennen. Sie kneift sie zusammen und blinzelt ein paarmal.

Michael sitzt ihr immer noch gegenüber. Er blickt sie an.

»Und, willst du es mir jetzt erzählen?«, fragt er.

»Hast du mir nicht einen Kaffee gebracht?«, fragt Yasira.

Michael reicht ihr die Tasse rüber und sagt: »Ist aber schon kalt.«

Yasira guckt auf die Uhr. Es ist fast Mittag. Sie hat sich über zwei Stunden lang kopfüber ins *Deepfake Rabbit Hole* gestürzt. Sie nimmt einen Schluck vom kalten Kaffee.

»Gehen wir essen?«, fragt sie. »Kantine?«

»Gibt Senfeier«, erwidert Michael.

Es ist doch erstaunlich, wie zäh Kantinen am Früher hängen. Wahrscheinlich gab es hier schon zu Zeiten des ersten Telegraphie-Bataillons Senfeier.

»Du weißt, was das bedeutet?«, fragt Michael.

Yasira nickt. »Heute ist Pad-Thai-Tag!«

So nennt Michael es immer, wenn sie die Kantine sausen lassen und zum Thailänder um die Ecke gehen. Es ist einer dieser merkwürdigen Insider-Gags, die sich in jedem Büro etablieren.

»Korrekt!«

Michael öffnet seine Schublade und holt einen Button hervor, den er sich ans Jackett klemmt. Darauf steht: »Pad-Thai-Vorsitzender«.

Yasira hat ihm das Ding vor zwei Jahren zum Geburtstag geschenkt. Es macht ihm immer noch Freude. Sie erhebt sich und sagt: »Aber nicht, dass du irgendwann Pad-Thai-verdrossen wirst.«

Michael, der ebenfalls aufgestanden ist, legt seinen Arm um ihre Schulter.

»Nicht, solange meine Pad-Thai-Freundin treu an meiner Seite steht.«

Beim Thailänder erzählt Yasira ihrem Kollegen alles, was sie herausgefunden hat.

»Warte mal«, unterbricht Michael sie irgendwann mit vollem Mund. »Du willst mir sagen, das Video sei ein Fake?«

Yasira spritzt noch etwas Zitrone über ihr Pad-Thai.

»Ich sage nur, dass es sein *könnte*. Dass wir noch nicht in diese Richtung ermittelt haben.«

»Aber Lena Palmer ist kein Fake! Sie ist wirklich verschwunden. Wir haben mit ihrem Vater gesprochen. Du willst doch nicht behaupten, dass sie freiwillig bei diesem Video mitgemacht hat? Dass es inszeniert ist?«

»Nein, versteh doch! Sie hat da gar nicht mitgemacht. Ich sage, es könnte sein, dass jemand nur ihre Bilder benutzt hat, um dieses Video zu generieren.«

»Aber sie ist doch wirklich verschwunden«, ruft Michael. Er scheint eine Blockade zu haben.

»Das macht es ja auf eine fiese Weise so brillant!«, ruft Yasira. »Weil es Lena wirklich gibt, weil sie wirklich verschwunden ist, weil sie das Bild eines echten Menschen verwendet haben, sind wir nicht einmal auf die Idee gekommen, dass das Video ein Fake sein könnte.«

»Ich weiß nicht, Yasira. Es kommt mir sehr weit hergeholt vor. Wieso Lena?«

»Weil ihr Verschwinden schon Schlagzeilen gemacht hat!«

»Aber wer sollte denn hinter diesem Video stecken?«

»Nun, wer profitiert davon? Die Amateur-Faker-Deutschland vielleicht. Oder der Aktive Heimatschutz! Bär und seine Kameraden!«

Yasira nimmt ihr Handy und zeigt ihrem Kollegen die Videos der virtuellen Influencerin, der ihre Tochter folgt.

»Diese Mila gibt es nicht!«, ruft sie. »Verstehst du? Keine Schauspielerin! Kein Vorbild. Komplett aus dem Computer. Von irgendwelchen Nerds im Auftrag irgendwelcher Werbefuzzis generiert.«

»Krass«, sagt Michael.

»Ja. Krass. Ich behaupte übrigens nicht, dass ich auf jeden Fall damit recht habe«, sagt Yasira. »Ich sage nur, dass es eine Richtung ist, in die wir bisher nicht ermittelt haben. Und es ist möglich.«

»Aber wenn du recht hast«, sagt Michael nachdenklich. »Wo hört das auf? Woher sollen wir dann noch wissen, was echt und was gefälscht ist?«

CYBER-CHRIS

Christian Baumann vom technischen Dienst, im BKA unter dem Spitznamen Cyber-Chris bekannt, blickt erstaunt von seinem Computer auf, als Yasira sein Büro betritt. Wahrscheinlich bevorzugt er die digitalen Kommunikationswege. Yasira fragt sich, ob ihn wohl auch seine Freunde Cyber-Chris nennen? Seine Familie? Seine Freundin? Hat er überhaupt eine? Cyber-Christina? Cyber-Chris könnte auch der Name eines Schurken in einem dieser Comic-Filme sein, die Zara immer guckt. Oder vielleicht ist er sogar der Held, der gegen die fiese *Miss Information* kämpft? Besonders heldenhaft sieht er aber nicht aus. Eher wie einer der Verschwörungstheoretiker, mit denen Agent Mulder in *Akte X* befreundet war. Der mit den langen blonden Haaren und der runden schwarzen Brille.

Yasira setzt sich ihm gegenüber und fällt mit der Tür ins Haus. »Wie gut ist Videogenerierungssoftware heute?«

Der knapp zehn Jahre jüngere Mann lächelt kurz. Und irgendwie ist Yasira sofort klar, dass sie es mit einem Mansplainer zu tun hat. Scheiß drauf.

»Haben Sie den letzten *Avatar* gesehen?«, fragt Christian.

Yasira nickt. Ihre Tochter hat sie reingeschleppt.

»*So* gut ist Videogenerierungssoftware heute«, sagt Christian. »Nein. Unsinn. Sie ist fast zwei Jahre besser!«

Yasira rollt mit den Augen. Das ist keine brauchbare Antwort gewesen.

»Haben Sie mal was von William Gibson gelesen?«, will Christian wissen.

Yasira schüttelt den Kopf und fragt sich, ob sie das Siezen als Respektsbekundung oder Beleidigung auffassen soll.

»Science-Fiction-Autor. Hat in den Achtzigern einen Roman namens *Neuromancer* geschrieben. In dem taucht zum ersten Mal das Wort Cyberspace auf.«

Yasira verliert allmählich die Geduld. Offenbar kann man das in ihrem Gesicht lesen, denn Cyber-Chris spricht etwas schneller.

»Jedenfalls soll Gibson mal gesagt haben: ›The future is already here – it's just not evenly distributed.‹ Also: Die Zukunft ist bereits hier. Sie ist nur nicht gleichmäßig vertei…«

»Danke, dafür hätte mein Englisch gereicht.«

»Worauf ich hinauswill, ist Folgendes«, beginnt Christian.

»Ich hab's schon verstanden«, sagt Yasira. »Was Hans Wurst heute zur Verfügung hat oder wovon er glaubt, dass es die Spitze der technologischen Entwicklung sei, das ist in Wahrheit längst veraltet.«

»Siri und Alexa sind Idioten gegenüber dem, was technisch schon möglich wäre.«

Dass Siri eine Idiotin ist, kann Yasira bestätigen.

»Warum?«, fragt sie.

»Warum diese besseren Versionen nicht auf dem Markt sind?«

Yasira nickt.

»Sicherheit vermutlich. Sehen Sie, ein Tesla zum Beispiel könnte Sie jetzt schon autonom von A nach B fahren. Die Entwickler möchten nur nicht garantieren, dass er dabei keinen Unfall baut. Und Sie müssen bedenken, wenn ein Mensch einen Unfall baut, dann ist das meist nicht mal der Lokalzeitung eine Meldung wert. Aber wenn ein selbstfahrendes Auto crashen würde, dann macht das weltweit Schlagzeilen.«

»Verstehe.«

»Google zum Beispiel hat sicherlich viel fortgeschrittenere KI-Versionen als die, die sie für ihre Produkte benutzen, aber Larry und Sergey, also die Gründer, streiten sich über den Kurs.« Kurz wundert sich Yasira darüber, dass Cyber-Chris sie siezt, sich aber mit den Google-Gründern auf Vornamensbasis wähnt. »Sergey will Safeguards. Er sieht die Gefahren der KI. Larry hingegen soll mal zu Elon Musk gesagt haben, dass es ihn nicht juckt, wenn Maschinen eines Tages intelligenter sind als wir und die Menschheit als dominante Spezies abgelöst wird. Es sei einfach das nächste Level der Evolution.«

»Findest du es nicht auch zum Kotzen, dass solche Leute über unser aller Zukunft entscheiden?«, fragt Yasira und duzt ihn mit Absicht.

»Ja, schon. Aber zurück zum Thema: Selbst bei ChatGPT stellt OpenAI der Öffentlichkeit immer nur eine Vorgängerversion des aktuellen Stands zur Verfügung. Und die ist noch mehrfach angeschnallt, damit sie keine zu große Scheiße baut. Vor Jahren war Microsoft nämlich mal vorgeprescht mit einem Chatbot namens Tay. Ein Tool, mit dem die User kommunizieren konnten und das aus diesen Unterhaltungen gelernt hat. Das Resultat war, dass Tay gerade mal sechzehn Stunden online war. Microsoft musste seinen Chatbot abschalten, weil er am Ende des Tages den Holocaust geleugnet hat. Das war wahrscheinlich allen eine peinliche Lehre.«

»Du weißt, an welchem Fall ich arbeite?«

Christian nickt. »Meine Abteilung hat Lenas iPhone für euch geknackt.«

Yasira wartet darauf, dass Christian weiterspricht, aber er schweigt.

»Und?«, fragt sie endlich.

Christian windet sich. »Also, haben Sie schon mal von dem Verschwörungsmythos gehört, dass die Amerikaner nie auf dem Mond waren? Dass die Bilder der Landung und aus dem All im Studio hergestellt worden sind?«

»Sicher. Aber das ist Quatsch.«

»Natürlich ist das Quatsch. Der interessante Punkt ist aber der: Ich habe mal irgendwo gelesen, oder vielleicht war es auch im Bonusmaterial einer DVD, egal, jedenfalls ist eines der Argumente, die gegen die Mondverschwörung aufgefahren werden, dass es mit den technischen Möglichkeiten von 1969 tatsächlich einfacher war, einen Menschen zum Mond zu schießen und die Bilder dort aufzunehmen, als sie glaubwürdig tricktechnisch nachzustellen.« Christian macht eine seiner Betonungspausen. Er hätte Lehrer werden sollen. »Das ist heute sicherlich nicht mehr der Fall.«

»Soll heißen?«, fragt Yasira.

»Alles ist möglich.«

»Das Video könnte ein Fake sein?«

Christian Baumann zuckt mit den Schultern.

»Warum nicht? Aber dann ist es verdammt gut. Meines Wissens hat es keine Glitches. Das hätte garantiert schon jemand aufgedeckt.«

»Glitches?«

»Bildfehler.«

»Und die hätten wir entdeckt?«, fragt Yasira.

»Na, nicht unbedingt wir. Das BKA checkt solche Videos nicht automatisch oder so. Wir hinken da wieder mal ein wenig hinterher. Aber das halbe Internet hat das Video geguckt.«

»Wenn es Glitches gäbe, dann wäre das jemandem aufgefallen.«

»Denke schon. Aber ich bin kein Fachmann für computergenerierte Videos.« Er hält einen Moment inne. »Vielleicht sollten Sie mal mit den Leuten von AlmostReal reden.«

»AlmostReal?«

»So ein Start-up. Sitzt in Berlin. Beschäftigt sich schon länger mit KI-unterstütztem Filmemachen. Wurde vor einem guten Jahr von Google aufgekauft. Hab letztens was über die im *Spiegel* gelesen. Ich schick Ihnen einen Link.«

»Alles klar. Ich werde mit denen sprechen. Danke!«

Yasira will sich schon zum Gehen wenden, aber natürlich hat Cyber-Chris noch einen Fun Fact im Ärmel.

»Wissen Sie eigentlich, dass wir im BKA auch Bilder generieren?«

»Ah ja?«

»Kinderpornografie.«

»Was?«

»Um pädokriminelle Straftaten aufzudecken, dürfen wir seit 2020 gefakte Kinderpornografie herstellen.«

»Ich nehme an, es geht darum, geschlossene Netzwerke infiltrieren zu können«, vermutet Yasira.

»Ja. Oft ist das Hochladen von eigenem Material Bedingung für den Zugang. So soll man beweisen, dass man nicht für die Polizei arbeitet. Aber wir können das Zeug jetzt faken.«

Cyber-Chris scheint stolz darauf zu sein. Yasira weiß gar nicht, wie sie darauf reagieren soll. Es ist so eine surreale Welt, in die sie da gestolpert ist. Sie verabschiedet sich mit dem Gefühl, etwas Großem auf der Spur zu sein. Einem Übel, das die Welt erschüttern wird. Aber noch hat sie keinerlei Beweise. Sie hat es nicht mal geschafft, Michael zu überzeugen. Wie soll Sie da den Chef auf ihre Seite ziehen?

Das BKA fälscht Kinderpornos, denkt sie auf dem Weg zurück in ihr Büro. Merkwürdig. Yasira erinnert sich an die Website, die verspricht, auf jedem Foto die Kleider zu entfernen. Und dann fällt ihr etwas ein. Etwas, was sie irritiert hat. Etwas, was sie in dem ganzen Stress aber sofort wieder vergessen hat. Wie konnte sie das nur aus den Augen verlieren? Ist das der Beweis, den sie sucht? Auf jeden Fall wird es ihr Trumpf für das Teammeeting sein. Sie ruft Frank Palmer an.

PIONIERARBEIT

Yasira hat eine PowerPoint-Präsentation zusammengestellt. Etwas, das sie nicht mehr machen musste, seit, nun ja, seit sie Zara bei einem Schulvortrag geholfen hat. So lange ist es gar nicht her.

Nicht nur die glorreichen Sieben sind im Besprechungsraum versammelt. Auch den Chef hat Yasira dazugebeten. Alle starren auf den großen Screen.

»Ihr kennt diese Fotos, oder nicht?«, fragt Yasira. Sie klickt sich durch drei Bilder und benennt, was darauf zu sehen ist. »Der Papst im weißen Daunenmantel. Trump, der vom FBI verhaftet wird. Putin, der vor Xi Jinping kniet. Was haben diese Fotos gemeinsam?«

Yasira blickt in die Runde. Wie albern. Sie hat eine Frage gestellt, zu der sie die Antwort weiß. Als hielte sie wirklich einen Schulvortrag und wollte ihre Mitschüler einbinden. Natürlich will keiner antworten.

»Genau. Sie sind allesamt Fake.« Yasira klickt weiter. Jetzt öffnet sich die Website von Mila, der virtuellen Influencerin, der Zara folgt. »Aber so was hier kennt ihr vielleicht noch nicht. Mir jedenfalls war es neu.«

Die Website spielt automatisch Videos ab. Man sieht Mila

lasziv dreinblickend bei einem Fotoshooting, bei einem Abklatschspiel mit Freunden, plaudernd mit einer Freundin. Man sieht sie auf einem Fußballplatz, auf einer Bühne, in einer Kunstgalerie.

Yasira schüttelt den Kopf. Sie will selbst nicht glauben, was sie gleich sagt. Es sieht so echt aus.

»Dieses Mädchen hier gibt es nicht. Und ich kann das nicht oft genug betonen. Ich meine damit nicht, dass eine Schauspielerin so tut, als wäre sie diese sogenannte Mila. Das sind nicht mal Filmaufnahmen im herkömmlichen Sinn. Das sind alles am Computer erzeugte Bilder.«

Mila verfehlt ihren Effekt nicht. Die meisten in ihrem Team scheinen, wie Yasira, nicht gewusst zu haben, wie weit die Technik bereits ist.

Sie klickt weiter. Nun läuft das Lena-Video. Alle hier haben es schon so oft ansehen müssen, dass es seinen Horror zum Großteil verloren hat. Es ist nur noch Beweisstück A.

»Wer sagt uns, dass wir es bei diesem Video nicht ebenfalls mit einer Fälschung zu tun haben?«

Stühle werden gerückt. Köpfe gekratzt.

»Ich kann eure Zweifel verstehen«, fährt Yasira fort. »Ich bin auch skeptisch. Ich sag nicht, dass das Video auf jeden Fall ein Fake ist. Ich sage nur, dass es ein Fake sein könnte. Der ganze Hass, die Straßenschlachten, die Polarisierung. Sie wären dann kein Nebeneffekt des Videos, sondern genau das, was mit der Veröffentlichung beabsichtigt wurde.«

Sie gibt ihren Kollegen einen Augenblick, um sich mit diesem ungeheuerlichen Verdacht vertraut zu machen. Auch der Chef scheint einen Moment zu brauchen, um sein Gehirn um diese Theorie zu winden. Man kann seine Denkprozesse eins zu eins an seiner Mimik ablesen.

Schließlich fährt Yasira fort: »Die Vorstellung, dass wir unseren eigenen Augen nicht mehr trauen dürfen, ist beängstigend. Aber wenn man länger darüber nachdenkt, dann ist es logisch, dass diese Technologie früher oder später für ein Verbrechen dieser Art benutzt wird. Verdammtes Pech, dass möglicherweise wir diesen Fall erwischt haben. So oder so müssen wir bei der Prüfung des Verdachts Pionierarbeit leisten. Es gibt noch kein Prozedere, dem wir folgen können.«

»Das meinen Sie ernst?«, fragt der Chef verblüfft.

Yasira nickt.

Katja Grebe meldet sich. Jetzt fühlt sich Yasira wirklich wie in der Schule.

»Ja?«, fragt sie und blickt Katja an.

»Aber was ist mit Lena?«

»Gute Frage. Lena ist echt. Oder sie war echt. Keine Sorge. Das will ich nicht anzweifeln. Wie also kommt ein echtes Mädchen in ein gefaktes Video?«

Keiner meldet sich.

»Es gibt hier mehrere Möglichkeiten: Erstens, sie könnte mit den Leuten, die das Video erstellt haben, unter einer Decke stecken. Dann hätte sie freiwillig Modell gestanden und sich danach irgendwo verborgen gehalten.«

»Unwahrscheinlich«, brummt Michael.

»Du sagst es. Wir haben in all unseren Recherchen zu Lena keinen einzigen Hinweis gefunden, dass sie an einem politischen Flächenbrand interessiert sein könnte oder auch nur mit Leuten Kontakt hatte, die das wollen.«

Yasira macht eine Pause.

»Und zweitens?«, fragt Jenny.

»Zweitens«, fährt Yasira fort, »könnte Lena von den Machern des Videos entführt worden sein. Ihre Entführung wäre also Teil der Videoproduktion. Das hätte für die Macher zwei Vorteile. Lena wäre nicht nur als Vorbild verwendet worden, sondern ihr Verschwinden hat das Video ja erst über jeden Zweifel erhaben gemacht. Es wäre ein extrem perfider, aber cleverer Schachzug. Ich halte das für möglich, denn wer auch immer so skrupellos ist, ein solches Video zu erstellen, hat sicher auch keine Probleme damit, ein Mädchen zu entführen.«

»Aber?«, fragt Michael. Er kennt sie schon recht lange. Er weiß, dass noch ein »aber« folgt.

»Aber«, sagt Yasira, »es gibt noch eine dritte Möglichkeit.«

Sie fährt in der PowerPoint-Präsentation fort und klickt sich durch zahlreiche Fotos und Videos von Lena. Die meisten davon mit der Selfie-Kamera aufgenommen. Einige mit Selbstauslöser. Lena vor dem Spiegel, Lena an der Ostsee, Lena vor einer Lasagne, Lena im Café mit der schwarzhaarigen Emily. Lena an Halloween, Lena an ihrem Geburtstag, Lena an Weihnachten. Lena mit Knutschmund, Lena als laszive Verführerin. Lena mit ihrem Vater, mit ihrem Bruder und ganz viele Fotos und Videos von Lena mit ihrer Katze.

»Und so weiter«, sagt Yasira schließlich. »Wie ihr seht, gibt es mehr als genug Bildmaterial, um Lena auch ohne ihr freiwilliges oder unfreiwilliges Mitwirken in dieses Video zu kriegen. Was also, wenn wir es mit zwei verschiedenen

Verbrechen zu tun haben? Es könnte doch sein, dass Lenas Verschwinden nicht mit dem Video zusammenhängt. Laut Schöffler hatte sie geplant, per Anhalter zu ihm zu kommen. Vielleicht ist sie dieses Mal ins falsche Auto gestiegen. Möglicherweise ist der Fahrer dieses Autos für ihr Verschwinden verantwortlich, hat aber gar nichts mit dem Video zu tun. Dann stünde Lenas Verschwinden nur insofern mit dem Video in Beziehung, weil sie bereits Schlagzeilen gemacht hatte. Und das könnte die Macher des Videos auf die teuflische Idee gebracht haben, das verschwundene Mädchen aus den Nachrichten als Vorbild für ihr böses Werk zu nehmen. Und sie bedienten sich einfach am Bildmaterial, das öffentlich verfügbar war.«

»Fuck!«, sagt Timo.

»Aber ist es in deiner Theorie nicht auch möglich, dass Lena gar nicht entführt wurde, sondern nur abgehauen ist?«, fragt Jenny.

»Das wäre natürlich schön«, erwidert Yasira, »und es ist durchaus möglich, aber ich glaube nicht, dass es so war. Ich meine, selbst wenn Lena abgehauen wäre, dann müsste sie doch inzwischen mitbekommen haben, dass sie die Hauptdarstellerin im Film des Jahres geworden ist, und hätte sich doch sicherlich zumindest bei ihrem Vater gemeldet. Ich hatte nicht den Eindruck, dass ihr Verhältnis zu ihm so schlecht war, dass sie ihm diese Höllenqualen wünscht, die er aktuell durchleidet.«

Eine Weile lang ist es still im Raum.

»Noch wissen wir nicht, ob an Yasiras Verdacht überhaupt was dran ist«, sagt Michael. Er ist der Älteste im Team. Und der Skeptischste. Er ist es einfach gewohnt, seinen Augen zu trauen.

»Ja«, sagt Yasira. »Aber es würde erklären, warum wir zu Lenas Vergewaltigern keinerlei Spuren gefunden haben!«

»Eine andere Erklärung wäre, dass wir zu doof waren, welche zu finden«, grummelt Michael.

»Zugegeben«, sagt Yasira, »es klingt auch nach einer guten Theorie, um unser Versagen zu kaschieren.«

Sie blickt in die Runde. Weder ihr Team noch den Chef hat sie bisher überzeugen können. Zeit, ihren Trumpf zu präsentieren.

CUI BONO?

»Achtet bitte bei den nächsten Instagram-Fotos auf Lenas Kleid«, sagt Yasira und klickt sich in der Präsentation durch ein gutes Dutzend Fotos von Lena in einem geblümten Kleid. »Fällt euch etwas auf?«

»Es ist das zerrissene Kleid aus dem Video«, sagt Timo.

»Korrekt«, sagt Yasira. »Nun ist es aber so, dass Michael und ich dieses Kleid in Lenas Schrank gefunden haben. Ohne den kleinsten Riss, versteht sich.«

Sie lässt ihrem Team einen Augenblick, um diese Information zu verarbeiten.

»Es kam mir sofort komisch vor, aber ich konnte es einfach nicht einsortieren. Und dann habe ich es in dem ganzen Wahnsinn ...« Yasira seufzt. »Ich habe es einfach vergessen. Nicht mehr daran gedacht.«

»Sie könnte das Kleid doppelt haben«, sagt Michael. »Das ist die simpelste Erklärung.«

»Ja, könnte sie«, gibt Yasira zu. »Aber, meine Güte, Lena war ...« Sie stockt kurz. »Lena ist eine Teenagerin und nicht Hitchcock!«

»Hitchcock?«, fragt Timo.

»Angeblich hing in Hitchcocks Kleiderschrank nur siebenmal der gleiche Anzug«, sagt Michael, der die Anspielung verstanden hat. »So musste er morgens keine Zeit auf die Entscheidung verschwenden, was er anziehen soll.«

»Was sagt denn ihr Vater dazu?«, will Timo wissen.

»Ich habe vorhin mit ihm telefoniert«, berichtet Yasira. »Er erinnert sich an das geblümte Kleid, weiß allerdings nicht, ob Lena es doppelt gehabt haben könnte. Seit dem Tod ihrer Mutter hat sich Lena ihre Klamotten selbst besorgt.« Yasira blickt in die Runde. »Aber Lena ist ein sechzehnjähriges Mädchen! Ich hatte in diesem Alter keine Kleider doppelt. Ich habe immer noch kein Kleid doppelt. Ihr vielleicht?«

Jenny und Katja Grebe schütteln den Kopf. Katja Jürgens aber sagt: »Sorry, ich habe Kleider doppelt. Ich bin immer froh, wenn ich mal was finde, was mir gut steht und auch noch passt.«

»Eben! Es ist nur ein Indiz«, beharrt Michael. »Auch Lena könnte das Kleid doppelt haben.«

»Vielleicht hatte sie es in zwei verschiedenen Größen«, sagt Katja Grebe. »Also, ich meine, sie könnte aus dem einen rausgewachsen sein, mochte es aber so sehr, dass sie es eine Nummer größer nochmals gekauft hat.«

»Ihr wisst ja, dass mich das Leben gelehrt hat, für ungewöhnliche Erklärungen offen zu sein«, beginnt Karsten Seiler und denkt dabei wahrscheinlich an die vermeintliche Serienkillerin, die sich als Wattestäbchen-Verpackerin entpuppt hatte. »Aber mal angenommen, Yasira hat recht ... Was ist dann mit Snoopy? Gab es Snoopy auch nicht? Wem wurde dann mit der MP5 in den Kopf geschossen?«

Eine Frage, die sich Yasira ebenfalls schon gestellt hat.

»War es ein armer Schlucker«, fährt Karsten fort, »dessen Aussehen man ohne sein Wissen als Vorbild für einen der Vergewaltiger genommen hat? Und Bär oder wer auch immer hat dieses Vorbild aufgrund von Hinweisen ausfindig gemacht? Und als er ihn erschossen hat, da wusste Snoopy nicht mal, worum es ging?«

»Möglich …«, sagt Yasira. »Wir haben nie eine Leiche gefunden. Wir wissen nicht, wer da wirklich erschossen wurde. Wer sagt uns denn, dass es nicht war wie bei Tesfaye Yemane? Es wurde jemand hingerichtet, nur weil er die falsche Hautfarbe hatte.«

»Aber …«

»Oder …« Ein neuer Gedanke kommt Yasira. »… wer sagt uns denn, dass das Hinrichtungsvideo nicht auch ein Fake ist?«

»Ich weiß nicht«, zweifelt Timo. »Willst du jetzt von jedem Video behaupten, es sei nicht echt? Was ist mit Rotfuchs? Ihr wart doch selbst bei der Verhaftung dabei.«

»Eben! Den Trottel haben wir sofort geschnappt! Warum aber den ersten Killer nicht? Hm? Überlegt doch mal«, sagt Yasira, »fällt euch ein anderer Fall ein, bei dem wir mit so viel Aufwand so wenig herausgefunden haben? Timo, was sagt deine aktuelle Statistik?«

»In den letzten sieben Tagen sind bundesweit insgesamt 253 Polizeibeamte 432 Hinweisen aus der Bevölkerung nachgegangen«, berichtet Timo.

»Und das Ergebnis ist: Nichts! Nada! Niente!«, sagt Yasira. »Wir haben das komplette Land auf den Kopf gestellt. Wir haben von keinem der Vergewaltiger eine Spur gefunden. Für wie wahrscheinlich haltet ihr es, dass ein selbst ernannter Rächer, ein offensichtlich intelligenzlimitierter Muskelprotz wie Bär Erfolg hat, wo der gesamte Polizei- und Geheimdienstapparat Deutschlands versagt?«

»Das würde bedeuten, Bär steckt selbst hinter den Videos?«, fragt Timo.

»Könnte doch sein. Er profitiert jedenfalls am meisten davon.«

»*Cui bono?*«, fragt Jenny. »*Wer profitiert?* Ehrlich? Dir ist schon klar, dass Schwurbler mit genau dieser Frage ihre Opfer in den Sumpf der Verschwörungstheorien locken?«

»Na, entschuldige mal, aber diese Frage stellen wir uns doch immer, wenn wir ein Motiv suchen.«

»Na gut«, sagt Katja Jürgens. »Nehmen wir also mal an, dass jemand für gesellschaftlichen Aufruhr sorgen will. Er schürt rechte Ressentiments und hofft, dass das ganze System nach rechts kippt.«

»Das halte ich für das wahrscheinlichste Motiv, falls das Video ein Fake ist«, bestätigt Yasira.

»Aber da wir schon abwegig denken, müssen wir vielleicht noch weiter gehen«, wirft Timo ein und fährt sich mit der Hand über seine kurzen Stoppelhaare. »Es gäbe schon auch andere Motive. Was ist, wenn Lenas echter Mörder das Video generiert hat, um von sich abzulenken?«

Yasira denkt darüber nach.

»Sagen wir mal, es war ihr seltsamer Freund, der Haschdealer«, fährt Timo fort. »Er hat sie umgebracht. Und dann hat er dieses Video erstellt und … na ja, gut …« Timo bricht ab. »Ich seh's ein.«

»Das scheint mir nicht sehr wahrscheinlich«, sagt Yasira. »Er wirkte nicht wie jemand, der das technische Know-how hätte.«

»Mir erscheint deine ganz Fake-Theorie nicht sehr wahrscheinlich«, brummt Michael. »Außerdem ist mir Schöffler einfach suspekt. Ich kann den Kerl nicht leiden.«

»Wie auch immer«, sagt Katja Grebe. »Gehen wir mal davon aus, dass die Macher des Videos einen Rechtsruck beabsichtigen. Viel hilft uns das nicht weiter, oder? Es gibt unzählige von rechten Gruppierungen. Moralische Skrupel würde ich den wenigsten attestieren.«

»Wer könnte sonst noch dahinterstecken?«, fragt Yasira.

»Die Russen«, sagt Katja Jürgens.

Karsten schießt eine Salve seiner Maschinengewehrlache ab, hört dann aber schnell wieder auf, als er merkt, dass sonst keiner lacht.

»Entschuldigt«, sagt er. »Ich dachte kurz, das sei ein Witz. Es klang einfach wie ein Witz. Wer ist schuld? ›Die Russen.‹« Er blickt Katja Jürgens an. »Aber du hast natürlich absolut recht. Es könnten die Russen sein.«

»Dass Putin und seine Trollfabriken vor wenig zurückschrecken, um den Westen zu destabilisieren, ist ja kein Geheimnis«, sagt der Chef. »Erst letztens wurden wieder fünfzigtausend gefälschte Nutzerkonten bei X enttarnt. Über eine Million Tweets.«

»Die meisten machten Stimmung gegen die Ukrainehilfen«, ergänzt Katja Jürgens. »Nach dem Motto: Die Regierung schickt das Geld ins Ausland, statt die Deutschen zu unterstützen.«

»Und im Prinzip gab es ja 2015 oder 2016 einen recht ähnlichen Fall wie Lena«, sagt Katja Grebe. »Erinnert ihr euch an Lisa F.? Ein russlanddeutsches Mädchen, das angeblich von Migranten verschleppt und vergewaltigt worden war. Viele russische Medien haben diese Lüge noch lange nach ihrer Widerlegung verbreitet.«

Yasira hat den Fall noch grob im Gedächtnis. Er hatte für diplomatische Verstimmungen gesorgt. Wenn sie es noch richtig weiß, hatte Merkel sogar mit Putin darüber gesprochen.

Ihr fällt auf, dass Jenny sich nicht mehr am Gespräch beteiligt. Stattdessen starrt sie auf ihr Handy. Schon wieder ein neues Video? Aber das würde sie doch sagen. Nein, es muss etwas anderes sein, was Jenny zu schaffen macht.

»Vielleicht ist es einfacher, wenn wir uns fragen, wer die technischen Möglichkeiten hätte, solch ein Video herzustellen«, sagt Katja Grebe. »Und wieso hat bisher niemand behauptet, das Video sei ein Fake?«

»Das liegt hauptsächlich daran, dass es Lena wirklich gibt«, erwidert Yasira.

»Ja, aber nicht nur«, meint Timo. »Falls es ein Fake ist, dann ist das Video auch wirklich – das klingt jetzt irgendwie komisch, aber ihr wisst, was ich meine – gut gemacht. Wir gehen davon aus, dass es diese Tools gibt. Doch sie sind noch nicht allgemein zugänglich. Wer hat Zugriff darauf?«

»Hollywood offensichtlich«, sagt Katja Jürgens.

»Nun, von dort kommt das Video sicher nicht«, erwidert Yasira. »Aber wer hat hierzulande die technischen Möglichkeiten? Das ist eine gute Frage. Christian Baumann vom technischen Dienst …«

»Cyber-Chris?«, fragt Katja Jürgens.

»Ja. Cyber-Chris hat vorhin von einem Berliner Start-up namens AlmostReal gesprochen. Michael und ich gucken uns die morgen mal an. Aber recherchiert noch weiter.« Yasira blickt ihr Team an. »Schaut, ob ihr im Darknet Vergewaltigungsvideos findet, die so ähnlich sind wie das Lena-Video.«

»Wir sollen was?«, fragt Katja Grebe.

»Ich will wissen, ob es ein Vorbild gibt. Manchmal haben Fakes ein echtes Video als Basis.«

Katja Grebe schnaubt.

»Kein schöner Job«, sagt Yasira. »Ich weiß. Tut mir leid.« Sie macht eine kurze Pause und kommt dann zum Ende ihres Vortrags. »Wenn wir Anhaltspunkte finden, dass etwas an meiner Vermutung dran sein könnte, dann müssen wir auch nochmals mit Lenas Vater, ihrem Freund, ihren Klassenkameraden sprechen. Ist das wirklich Lena? Schaut genau hin.«

Michael ächzt. »Auf dieses Gespräch freue ich mich jetzt schon. Herr Palmer, gucken Sie sich das Video der Vergewaltigung Ihrer Tochter doch bitte noch einmal genau an. Meine Kollegin hat nämlich zu viele Science-Fiction-Filme geguckt.«

»Wir machen diesen Job nicht, weil er angenehm ist«, sagt Yasira.

»Offensichtlich nicht.«

Yasira wendet sich an den Chef. »Ich weiß, dass ich nur Indizien und keine Beweise habe, aber ich bitte darum, in diese Richtung ermitteln zu dürfen.«

Ihr Chef nickt. »Doch tun Sie es diskret. Wenn Sie falschliegen, machen wir uns lächerlich.«

Yasira nickt. »Natürlich. Aber …«

»Aber was?«

»Was, wenn ich richtigliege?«

»Dann«, sagt Timo, »können wir uns in Zukunft anschnallen. Wir werden überschwemmt werden von diesen Fakes.«

Stefan Gebhardt blickt auf die Uhr und steht auf. »Halten Sie einfach die Augen offen«, sagt er. »In alle Richtungen. Noch ist es nur eine Theorie. Und selbst wenn Hauptkommissarin Saad hier eine heiße Spur gefunden haben sollte, wäre der beste Beweis dafür, dass das Video gefälscht ist, eine lebendige Lena, die uns erzählt, was wirklich passiert ist. Also finden Sie das Mädchen!«

Nach diesen Worten verschwinden alle wieder in ihre Büros. Nur Michael und Jenny bleiben im Besprechungsraum zurück. Jenny steht auf und kommt zu Yasira nach vorn.

»Da ist noch was«, sagt sie betreten. An ihrem Gesichtsausdruck meint Yasira erahnen zu können, worum es geht. Es gibt nicht noch ein Video. Es ist schlimmer.

ZARA

»Seit heute kursiert ein Foto deiner Tochter in den Chats des Aktiven Heimatschutzes«, sagt Jenny.

Yasira schließt die Augen, senkt den Kopf und schüttelt ihn, als ob diese Geste der Verneinung irgendetwas bringen würde. »Nein, nein«, murmelt sie. »Bitte nicht.«

»Es tut mir leid«, erwidert Jenny.

Yasira öffnet die Augen wieder. »Zeig es mir«, sagt sie.

Jenny reicht Yasira ihr Smartphone. Es ist tatsächlich ein Foto ihrer Tochter. Sie sitzt auf dem Schulhof neben zwei Freundinnen. Zaras Gesicht ist umkreist.

»Diese elenden Dreckskerle«, flucht Michael, der inzwischen ebenfalls neben Yasira steht.

»Wer war das? Wer hat dieses Foto gemacht?«, fragt sie. »Wie haben sie rausgefunden, dass Zara meine Tochter ist?«

Aber natürlich hat Jenny keine Antwort darauf.

»Weiß nicht«, sagt sie. »Viele Wege sind denkbar.«

»Vielleicht sogar ein Mitschüler«, vermutet Michael.

Jenny nickt. »Erinnert ihr euch an den Lehrer, der 2020 in Frankreich von einem Islamisten ermordet wurde?«

»Hatte er nicht im Unterricht die Karikaturen von Charlie Hebdo gezeigt?«, fragt Michael.

»Ja. Den haben auch Schüler an seinen Mörder verraten.«

Yasira massiert sich die Schläfen. »Verdammt!« Sie spürt, dass sie Kopfschmerzen bekommt.

Jenny will ihr Handy wieder an sich nehmen, aber Yasira gibt es ihr nicht zurück. Stattdessen scrollt sie durch den Chat.

Die Drecksäcke kennen sogar den Namen ihrer Tochter. Sie wird korrekt als Zara Saad benannt. Die Adresse der Schule ist auch dabei.

»Bitte«, sagt Jenny und streckt ihre Hand nach dem Mobiltelefon aus. »Tu dir das nicht an. Ich erzähle dir, was drinsteht.«

Sanft nimmt Michael das Telefon aus Yasiras Hand und gibt es Jenny zurück.

»Wie schlimm ist es?«, will Yasira wissen.

»Es gibt keine konkreten Pläne«, sagt Jenny. »Es gibt aber …« Sie zögert. »… Gedankenspiele von …« Sie seufzt. »… Rachevergewaltigungen.«

»Bitte was?«

»Rache für Lena …«

»Was?« Yasira ist fassungslos.

»Einige der Männer fantasieren davon, dich oder deine Tochter zu vergewaltigen, und aus irgendeinem Grund soll das Rache für Lena sein.«

»Was hat denn bitte meine Tochter damit zu tun?«

»Ich kann dir die Logik dieser Leute nicht erklären.«

Yasira schüttelt den Kopf.

»Können wir diese Arschlöcher nicht irgendwie aus dem Verkehr ziehen?«, fragt Michael.

»Nicht wirklich, solange nichts passiert ist«, sagt Jenny. »Ihr kennt das Problem. Richtig aktiv werden können wir erst, wenn es zu spät ist.«

»Aber wir sollten mal anklopfen und ihnen gehörig Angst machen«, sagt Michael.

»Wenn wir sie denn ausfindig machen können«, ergänzt Jenny.

»Versucht es bitte«, sagt Yasira.

»Natürlich.«

»Was ist mit meiner Adresse?«

»Noch nicht. Aber es muss lediglich jemand Zara von der Schule nach Hause folgen.«

»Was mache ich nur?«, fragt Yasira entsetzt. Kraftlos lässt sie sich in einen Stuhl sinken. »Was mache ich nur? Soll ich es ihr sagen? Ich muss es ihr sagen, oder nicht?«

In all den Jahren beim BKA hat sie schon einige bedrohliche Momente durchgestanden, aber noch nie ist ihre Tochter in Gefahr gewesen. Am liebsten würde sie sofort zur Schule rasen.

»Du musst es ihr sagen«, meint Jenny.

»Am besten, du nimmst sie sogar ein paar Tage aus der Schule«, schlägt Michael vor. »Nur zur Sicherheit.«

Yasira nickt.

»Kann sie nicht eine Zeit lang zu deinem Ex?«, fragt Jenny.

Yasira schnaubt. »Das würde ihm so passen. Wenn er von der ganzen Nummer erfährt, dann weiß ich nicht, ob ich sie je wieder zurückkriege.« Sie überlegt. »Aber vielleicht schicke ich sie eine Woche zu meinen Eltern?«

»Mach das«, empfiehlt Jenny.

»Gib mir die Adresse«, sagt Michael. »Ich sorge dafür, dass eine Streife vor dem Haus Wache hält.«

Ist das nicht zu viel?, will Yasira fragen. Aber dann überlegt sie, was auf dem Spiel steht. Keine Vorsichtsmaßnahme ist zu viel. Wenn Zara etwas passierte, würde sie sich das nie verzeihen.

Also nickt sie nur.

»Ich ... ich kann nicht mehr klar denken«, murmelt sie. »Soll ich sie von der Schule abholen? Oder ist das übertrieben? Was, wenn jemand dort wartet und sie verfolgt?«

»Ich hol sie ab«, sagt Michael sofort. »Ich fahre ein paar Schleifen. Falls uns jemand verfolgt, werde ich sie abschütteln.«

Yasira ist ihm unendlich dankbar.

»Am besten, du fährst gar nicht erst zu uns, sondern direkt zu meinen Eltern.«

»Natürlich«, sagt Michael.

Yasira blickt auf ihre Uhr.

»Sie hat in einer knappen halben Stunde Schulschluss.«

»Ich mache mich sofort auf den Weg.«

Yasira steht auf und drückt ihren Kollegen. »Danke!«

»Natürlich. Jederzeit.«

Michael nimmt seine Jacke und verlässt das Büro.

»Hey«, sagt Jenny und drückt Yasira dabei mitfühlend den Arm. »Du musst Zara anrufen.«

»Du hast recht«, sagt Yasira. »Selbstverständlich.«

Sie wählt die Nummer ihrer Tochter. Natürlich geht Zara nicht ran, da sie noch Unterricht hat, also schickt Yasira eine Sprachnachricht. Und zum ersten Mal ist sie froh, dass ihre

Tochter ständig auf ihr Handy guckt. Sie wird die Nachricht auf jeden Fall sehen.

»Zara«, sagt sie. »Hör mir zu …«

Dann löscht sie die Sprachnachricht wieder.

Sie muss sich erst überlegen, was sie sagen will. Sie muss Zara den Ernst der Lage deutlich machen, ohne selbst zu panisch zu wirken. Klar und konzentriert. Yasira versucht es erneut.

»Zara. Es könnte sein, dass du wegen meiner Rolle im Lena-Fall in Gefahr bist. Ein Bild von dir ist in Telegram-Gruppen des Aktiven Heimatschutzes aufgetaucht. Sie kennen auch die Adresse deiner Schule. Es tut mir so leid! Aber wir haben die Situation unter Kontrolle. Michael holt dich heute ab und bringt dich direkt zu Oma und Opa. Bitte ruf mich an. Und bitte bleib im Schulgebäude, falls Michael bei Schulschluss noch nicht da ist. Möglicherweise gibt es irgendein Arschloch, das dir schon auflauert.«

NEXT LEVEL SHIT

»Es geht mir gut, Mama«, berichtet Zara am Telefon. Sie sitzt bei Michael im Auto auf dem Weg zu ihren Großeltern in Lüneburg. »Mach dir keine Sorgen.«

Als ob das möglich wäre, denkt Yasira, sagt aber: »Da bin ich beruhigt. Drück Michael für mich.«

»Der fährt doch gerade«, erwidert Zara lachend.

Yasira ist stolz darauf, wie cool ihre Tochter geblieben ist. Sie hat schon Angst gehabt, mit ihr diskutieren zu müssen, aber Zara hat die Bedrohlichkeit der Situation sofort eingesehen. Wahrscheinlich hat sie auch nichts gegen die Woche schulfrei.

»Hast du eine Ahnung, wer das Foto auf dem Schulhof gemacht haben könnte?«, fragt Yasira.

»Nein. Ich kann mir nicht vorstellen, dass es einer aus meiner Klasse war. Ich meine, manche Jungs sind blöd, aber nicht so blöd.«

»Hm.«

»Was ist eigentlich mit dir?«, fragt Zara. »Wenn ich in Gefahr bin, dann bist du es doch erst recht.«

Das stimmt natürlich. Aber es ist Yasiras Arbeit, die sie in Gefahr bringt. Sie hat vor Jahren diesen Weg gewählt, wohl wissend, dass es wesentlich sicherere Berufe gibt. Zara jedoch hat sich nicht dafür entschieden. Das ist nicht fair. Das ist einfach nicht fair.

»Ich kann schon auf mich aufpassen«, sagt Yasira. »War immer die Beste auf dem Schießstand. Mach dir keine Sorgen.«

Jetzt hatte sie doch gedankenlos von ihrer Tochter dieselbe Unmöglichkeit verlangt wie diese von ihr. Keine Sorgen machen. Als ob.

»Reichst du mich noch an Michael weiter?«

»Klar.«

Gleich darauf hört sie Michaels brummige Stimme. »Wir werden nicht verfolgt. Du kannst beruhigt sein. Selbst wenn jemand vor der Schule gewartet hätte, habe ich sie auf jeden Fall im Stadtverkehr abgehängt.«

»Ja«, hört sie ihre Tochter reinrufen. »Michael fährt wie ein Verrückter!«

»Ich weiß«, sagt Yasira und lächelt. »Ich weiß.«

Am Abend sitzt sie allein in ihrer Küche. Es ist so still. So verdammt still. Keine Musik aus Zaras Zimmer. Kein *Friends* im Fernseher. So still ist es sonst nur, wenn Zara auf Klassenfahrt ist oder bei einer Freundin übernachtet. Aber das ist eine andere Stille. Heute ist es eine kalte Stille. Dabei ist Zara doch nur bei Oma und Opa. Michael hat sogar gewartet, bis die Bereitschaftspolizei vor Ort ihn abgelöst hat. Zara ist in Sicherheit. Oder nicht? Und trotzdem fühlt sich die Stille in ihrer Wohnung so verdammt kalt an.

Sie muss den Fall so schnell wie möglich aufklären, um

aus diesem Albtraum zu entkommen. Sie will ihr Leben zurück. Sie will ihre Tochter zurück. Yasira setzt sich ans E-Piano, etwas, das sie schon lange nicht mehr getan hat, und spielt Chopin. Das hilft wenig dabei, ihre düstere Stimmung zu vertreiben. Wie muss sich Frank Palmer erst fühlen? Dann springen ihre Gedanken wieder zum Video. Ist es wirklich Fake? Yasira überlegt, ob sie Palmer von ihrem Verdacht erzählen sollte, entschließt sich aber dagegen. Erst braucht sie Beweise.

Am nächsten Morgen telefoniert Yasira vom Büro aus mit Zaras Schulleiterin. Sie hat lange überlegt, was die beste Strategie wäre, sich dann aber für Offenheit entschieden. Man muss mit der Klasse sprechen. Falls einer von Zaras Mitschülern das Foto gemacht hat, muss ihnen klargemacht werden, dass das kein dummer Schülerstreich, sondern potenziell lebensbedrohlich war.

Den Rest des Vormittags verbringt sie damit, die verschiedenen rechten Gruppierungen in Deutschland unter die Lupe zu nehmen. Es sind erstaunlich viele. AfDler, Libertäre, Identitäre, Reichsbürger, Rechtsesoteriker, völkische Ökos, Autonome Nationalisten, Querfrontler, NSU-Fans, Infokrieger, rechte Hooligans, Neonazis ... Die Liste scheint endlos. Und wenn man sich ihr Wirken gebündelt ansieht, ist der Schaden, den sie bereits angerichtet haben, enorm. Es ist Yasira völlig unverständlich, dass die angeblich doch wehrhafte Demokratie nicht schon längst mit voller Härte zurückgeschlagen hat. Aber wer von denen könnte hinter dem Video stecken? Wer hätte die technischen Möglichkeiten? Oder hat

Katja Jürgens recht? Waren es die Russen? Die AfD in der Regierung wäre ein Glücksfall für Putin. So viel ist klar. Immer wieder stolpert Yasira auch über Aufrufe für die Demo heute Nachmittag. Scheint eine größere Nummer zu werden.

Gegen dreizehn Uhr gibt Yasira genervt ihre Recherche auf. So kommt sie nicht weiter. Zum Glück haben sie um fünfzehn Uhr einen Termin bei AlmostReal. Sie muss hier raus. Weg von diesem Bildschirm.

Nach dem Essen fahren Yasira und Michael zur Zentrale des Start-ups. Laut Eigenauskunft ist der Laden die einzige deutsche Firma, die im »Bereich KI-gestützter Bildgenerierung auf globalem Niveau mitmischt«. Der Aufkauf durch Google hat das wohl bewiesen.

Die Räumlichkeiten in Neukölln sind allerdings nicht so schick, wie man das aus dem Fernsehen von Google oder Apple kennt. Stattdessen ein ehemaliges Industriegebäude, darin Cubicles mit zahlreichen Rechnern und Bildschirmen. Es sieht gar nicht sonderlich anders aus als beim BKA.

Yasira und Michael haben einen Termin mit der PR-Tante und einem Business-Kasper von AlmostReal. Mandy und Ryan. Yasira hat darum gebeten, dass auch der technische Leiter am Gespräch teilnimmt, aber der ist nirgends zu sehen.

»Ich möchte Sie bitten, über das folgende Gespräch Stillschweigen zu bewahren«, sagt Yasira gleich zu Beginn, »da es eine laufende Polizeiermittlung betrifft.«

Sie tut das in der Hoffnung, die Floskeln möglichst kurz zu halten.

»Worum geht es denn?«, fragt Mandy erstaunt.

»Vielleicht ist es ratsam, dass wir einen Anwalt hinzuziehen?«, will Ryan wissen. Er spricht gutes Deutsch, hat aber einen leichten Akzent. Engländer? Ire? Ami?

»Nein. Keine Sorge«, sagt Michael. »Wir sind nur an Ihrer Expertise interessiert.«

In diesem Moment geht die Tür auf. Ein Mann mit Pferdeschwanz kommt herein.

»Verzeihung! Hi! Ich bin Tom Schiller. Wie der Dichter. Nicht der Schauspieler. Ich bin der CTO.«

Yasira oder Michael müssen fragend dreingeblickt haben, denn Tom Schiller ergänzt: »Der Chief Technical Officer. Der technische Leiter.«

Yasira nickt. Tom Schiller setzt sich und scheint augenblicklich in eine Art Stand-by-Modus zu verfallen. Sie schätzt ihn auf Ende zwanzig. Wahrscheinlich ist er es nicht gewohnt, keinen Bildschirm vor den Augen zu haben. Gerne hätte sie mit Michael gewettet, ob der Herr Dichter ihr ganzes Gespräch aushalten würde, ohne zwischendurch auf sein Handy zu blicken.

»Wir ermitteln im Fall Lena Palmer«, beginnt Michael. »Sie haben sicherlich davon gehört.«

»Das Video«, sagt die PR-Frau.

»Ja. Das Video«, bestätigt Yasira.

»Und was haben wir damit zu tun?«, fragt der Business-Kasper.

Yasira lächelt. »Nichts, hoffe ich.«

Mandy begreift schneller als ihr Chef. »Sie fragen sich, ob das Video computergeneriert sein könnte? Ob es ein Fake ist?«

Augenblicklich erwacht Tom Schiller, der technische Leiter, wieder zum Leben. »Wir haben das natürlich intern besprochen«, sagt er.

»So?«, fragt Yasira erstaunt. »Warum?«

»Wir machen das inzwischen bei vielen Videos, die viral gehen. Berufskrankheit, schätze ich.«

»Und zu welchem Schluss sind Sie gekommen?«

»Wahrscheinlich echt. Wir haben aufgehört zu diskutieren, als klar wurde, dass das Mädchen wirklich verschwunden ist.«

»Wahrscheinlich echt?«, fragt Yasira. »Also sind Sie sich nicht sicher?«

»Na ja, das ist ja der Witz an dem, was wir tun. Wir versuchen etwas zu generieren, das echt aussieht und im Idealfall nicht mehr von authentischen Aufnahmen zu unterscheiden ist.«

»Könnte jemand Lena Palmers Instagram-Account plündern, um neue Videos von ihr zu generieren?«

»Wicked ...«, sagt Tom. »Ich verstehe ... Natürlich. Das würde schon gehen, aber ...«

»Aber?«

»Wenn das Video Fake ist, dann ist es Next Level Shit. Verstehen Sie? Es ist perfekt. Es hat keine der üblichen Telltales.«

»Die üblichen Telltales?«

»Na, Sie wissen schon. KI-Fehler. Bei Bildern kennen Sie das vielleicht. Sechs Finger und so.«

»Sechs Finger?«, fragt Yasira.

»Was aktuell frei verfügbar ist an KI-Bildgenerierungstools, macht meist strange Fehler. Mit unseren Fingern kommt die Software oft nicht klar. Deswegen haben Menschen auf diesen Bildern manchmal sechs Finger oder andere seltsame Details. Die Windungen unserer Ohren machen der KI auch Probleme. Generell sind Proportionen oft nicht ganz richtig. Man checkt es nicht sofort, aber wenn man genau hinschaut, ist es merkwürdig. In Videos gibt es andere typische Fehler. Wenn ein Objekt sich vor einem anderen bewegt, dann gibt es manchmal so ein Flimmern. Gelegentlich produziert die Software auch Paradoxien im dreidimensionalen Raum. Sie hat ja an sich kein Verständnis davon. Da ist dann das Gesicht im Auto, aber die zugehörige Hand außerhalb der Fensterscheibe oder so. Am klarsten treten solche Fehler zutage, wenn man die Abspielgeschwindigkeit verlangsamt. Oder man klickt gleich die Einzelbilder durch. Dann sieht man die Fehler am besten. Aber nichts davon gibt es in dem Lena-Video. Keine Glitches.«

»Ist Ihr Produkt Next Level Shit?«, fragt Yasira. »Könnte man damit solch ein Video generieren?«

»Na ja …«, beginnt Tom, aber leider geht der Business-Kasper dazwischen.

»Es tut mir leid, aber wir kommen in einen Bereich, in dem es um unsere Betriebsgeheimnisse geht. Sie verstehen sicher, dass wir vor dem Release in der Öffentlichkeit nichts über den Stand unserer Entwicklungen sagen können.«

Auch wenn der Einwand von Ryan kam, lässt Yasira den jungen CTO nicht aus den Augen. Tom Schiller ist offenbar nicht wohl in seiner Haut.

»Ich will keine Betriebsgeheimnisse wissen«, sagt Yasira. »Ein schlichtes Ja oder Nein würde mir genügen.«

»Ich muss Sie bitten«, erwidert Ryan, »sich an unseren Anwalt zu wenden, wenn Sie weitere Informationen …«

Yasira unternimmt einen letzten Versuch. »Ich verstehe natürlich, dass Ihre Firma auf keinen Fall in der Öffentlichkeit mit dem Video in Verbindung gebracht werden will, aber …«

»Bitte wenden Sie sich bei weiteren Fragen an unseren Anwalt.«

Yasira will etwas sagen, doch Michael unterbricht sie.

»Ich denke, du hast deine Antwort bekommen«, sagt er. »Ein ›Nein‹ wäre keine so komplizierte Erwiderung geworden.«

Ryan steht auf, Mandy und Tom Schiller tun es ihm gleich.

»Haben Sie in all Ihren Businessplänen, Machbarkeitsstudien und Strategiemeetings auch nur einmal darüber nachgedacht, was Sie da eigentlich entfesseln?«, fragt Yasira. »Haben Sie sich auch nur einmal nicht nur gefragt: ›Wie?‹, sondern auch ›Sollten wir überhaupt?‹? Haben Sie eine Vorstellung davon, was das mit der Welt macht, wenn man Bildern nicht mehr glauben kann?«

»Konnte man Bildern jemals glauben?«, entgegnet Mandy.

»Wenn wir diese Tools nicht entwickeln, dann tut es jemand anders«, sagt Ryan.

»Die Zahnpasta ist aus der Tube«, ergänzt Mandy.

Immer dieselbe Leier, denkt Yasira. »Was Sie da erschaffen, ist in zwei Richtungen gefährlich«, sagt sie. »Nicht nur, dass jedes Aufregervideo Fake sein könnte. Bald wird auch jedes echte Beweisvideo als Fake angezweifelt werden. Dann könnte Trump, wie er einst behauptet hat, wirklich mitten auf der 5th Avenue jemanden erschießen, ohne einen einzigen Wähler zu verlieren, denn von den Beweisvideos würde er einfach behaupten, sie seien eine Fälschung.«

Sie mustert Tom Schiller. Der junge Mann schaut zu Boden. Sie blickt zu Ryan. Der Business-Kasper starrt zurück. Diese Gedanken können nicht neu sein für ihn, oder?

»Ich kann Ihnen garantieren«, sagt Ryan endlich, »dass wir von AlmostReal nichts mit diesem schrecklichen Video zu tun haben. Jedwede Behauptung in diese Richtung werden wir als böswillige Rufschädigung werten, gegen die wir juristisch vorgehen müssen.«

Beim Hinausgehen gibt Yasira ihrem Kollegen heimlich ein Zeichen. Michael versteht und nimmt Mandy und Ryan mit Blabla in Beschlag.

Die Ablenkung ermöglicht es Yasira, Tom Schiller unbeobachtet ihre Visitenkarte zuzustecken. Sie hat den starken Verdacht, dass er mehr erzählen wollte, und würde gerne mal ohne seine »Eltern« mit ihm sprechen.

DER STURM

»Und?«, fragt Yasira auf dem Rückweg. »Was denkst du?«

»Ich denke, dass ich schon wieder Hunger habe, obwohl es erst kurz nach vier ist«, sagt Michael. Wie immer sitzt er hinterm Steuer. Ist das aus emanzipatorischer Sicht ein Problem? Aber Yasira hat gar keine Lust, selbst zu fahren. Soll Michael doch Chauffeur spielen, wenn er mag.

»Du weißt genau, was ich hören will«, sagt Yasira.

»Sie sind offensichtlich der Meinung, dass man mit ihrem Scheiß so ein Video herstellen könnte«, gibt ihr Kollege zu. »Das heißt aber noch lange nicht, dass es jemand tatsächlich getan hat.«

»Ich weiß, ich weiß.«

Schweigend fahren sie Richtung Zentrale. Wie so oft, wenn Michael keine Lust hat zu sprechen, schaltet er den lokalen Polizeifunk an. Irgendwas Ungewöhnliches ist im Gange, das ist sofort klar. Sie brauchen aber einige Momente, um aus den vielen Meldungen ein Bild der Lage herstellen zu können. Neben der großen, angemeldeten Demonstration auf dem Alexanderplatz gibt es wohl noch eine kleinere, nicht angemeldete im Regierungsviertel. Die Teilnehmer müssen sich im Stillen über Telegram koordiniert haben. Die

Meldungen werden immer hektischer. Es scheint ganz schön was abzugehen.

»Hier spricht die Einsatzzentrale! Alle verfügbaren Einheiten sind angewiesen, sofort zum Reichstagsgebäude zu kommen. Ich wiederhole: Alle verfügbaren Einheiten sofort zum Reichstagsgebäude! Demonstranten versuchen ins Parlament einzudringen. Vorsicht ist geboten. Die Subjekte sind teilweise bewaffnet.«

Michael und Yasira blicken sich an. Das ist eigentlich nicht ihr Aufgabenbereich. Doch sie sind sich einig. Im weitesten Sinne gehört es zu ihrem Fall. Also greift sich Yasira das mobile Blaulicht, öffnet das Fenster und befestigt es auf dem Dach. Michael macht bei der nächsten Gelegenheit einen U-Turn und rast zurück Richtung Berlin-Mitte.

Yasira sucht nach News auf ihrem Smartphone. Alle Nachrichtenseiten sind voll davon. Offensichtlich versuchen rechte Extremisten, den Sturm auf das US-Kapitol nachzuspielen. Drohnenbilder zeugen von chaotischen Zuständen. Schüsse sind gefallen. Es scheinen immer mehr Menschen zusammenzukommen. Wie zum Teufel haben die sich organisieren können, ohne dass die Sicherheitskräfte etwas davon mitbekommen haben? Aber wahrscheinlich ist es wie so oft. Die Sicherheitskräfte haben davon Wind bekommen, doch die Hinweise wurden ignoriert oder gingen auf dem Dienstweg verloren oder der zuständige Sachbearbeiter ist gerade im Urlaub.

Leider kommen Yasira und Michael gar nicht bis zum Reichstag durch. Die Dorotheenstraße ist voll von Demonstranten. Viele Querstraßen sind bereits gesperrt, andere durch Barrikaden blockiert. Michael setzt zurück, versucht einen besseren Weg zu finden. Aber ihr Blaulicht kommt nicht gut an.

In der Schadowstraße werden sie von Demonstranten eingekesselt. Yasira zuckt zusammen, als das Auto vom ersten Schlag getroffen wird. Auf beiden Seiten rütteln Demonstranten an ihrem Fahrzeug. Fast schon synchron werden ihnen links und rechts die Spiegel abgetreten. Ein Schlagstock kracht gegen Yasiras Fenster. Aber es hält. Michael lässt den Motor aufheulen. Er versucht den Wagen rollen zu lassen, doch die Menge weicht nicht zurück. Eine Frau in einem Freiwild-Kapuzenpullover klaut das Blaulicht vom Dach und zerrt so lange daran, bis das Stromkabel reißt und das Licht erlischt. Yasira zieht ihre Pistole. Gleich darauf fragt sie sich, was sie eigentlich damit will. Soll sie das Schiebedach öffnen und in die Luft schießen? Ist sie bereit, auf die Demonstranten zu schießen? Natürlich nicht. Oder nur, wenn es sein muss? Aber woran erkennt man, dass es sein muss? Wann ist es zu früh für Notwehr? Und wann ist es zu spät? Wieder schlägt jemand gegen ihre Scheibe. Yasira nimmt das Funkgerät in ihre Linke. Sie wollten helfen, stattdessen müssen sie nun selbst um Hilfe bitten.

Yasira setzt einen Notruf ab. Michael lässt den Wagen rückwärtsrollen. Ganz langsam. Dann muss er wieder stoppen. Yasira fühlt sich fast wie in einem Zombiefilm. Einer der Demonstranten, ein Typ in Camouflagehose und mit einer Art Kriegsbemalung im Gesicht, springt auf die Motorhaube und pisst gegen die Windschutzscheibe. Michael macht den Scheibenwischer an. Ihren Kollegen kann einfach nichts aus der Ruhe bringen. Mehrere Demonstranten tragen irgendeine Variante des Logos des Aktiven Heimatschutzes. Zum Glück wissen diese Leute nicht, wer ihnen da ins Netz gegangen ist, denkt Yasira. Sie steht bestimmt ganz weit oben auf deren Abschussliste.

Möglichst unauffällig zieht sie sich ihr Halstuch etwas übers Gesicht. Gerade so, als wäre sie die Verbrecherin. Verkehrte Welt. Wieder schlägt jemand gegen ihr Fenster. Dieses Mal mit einem Stein. Beim zweiten Versuch zeigen sich Risse in der Scheibe. Yasira rückt, so weit es geht, von der Scheibe weg und richtet ihre Pistole aufs Fenster. Auch Michael hat inzwischen seine Waffe gezogen. Erneut kracht der Stein gegen das Autofenster.

Doch dann kommt Bewegung in den Mob. Eine Hundertschaft in voller Montur wälzt sich die Straße hinab. Hinter ihnen fährt ein Wasserwerfer. Ihre Rettung.

Die Demonstranten ziehen sich zurück. Michael fährt den Wagen auf den Bürgersteig, um dem Wasserwerfer Platz zu machen. Dabei kracht er über ein paar dort geparkte E-Roller. Der Wasserwerfer fährt weiter und bahnt sich seinen Weg zum Reichstag. Die Hundertschaft marschiert hinter ihm her. Selbstverständlich ist er nicht gekommen, um Michael und Yasira zu retten. Sie haben nur Glück, dass die Kollegen durch die Schadow- zur Dorotheenstraße wollen.

Yasira atmet tief ein und aus. Für einen Moment hat sie echt Schiss gehabt.

»Wir sind hier fehl am Platz«, sagt Michael.

Yasira nickt. Sie tragen keine Körperschutzausrüstung, keine Helme, keine Schilde, und sie will in dieser brenzligen

Lage auf keinen Fall von irgendwelchen Heimatschützern erkannt werden. Aber andererseits …

»Wir sind die Polizei«, sagt Yasira. »Wir können doch nicht abhauen, wenn es gefährlich wird.«

Michael seufzt und steigt aus. Yasira folgt ihm. Sie holen ihre Schutzwesten aus dem Kofferraum und ziehen sie an. Ein Zugführer der Hundertschaft kommt auf sie zu. Noch bevor er Fragen stellen kann, zeigt ihm Yasira ihren Dienstausweis.

»Wie können wir helfen?«, fragt sie.

Der Zugführer überlegt einen Augenblick. Eigentlich, vermutet Yasira, möchte er sie nach Hause schicken. Aber schließlich, und das spricht Bände über die angespannte Lage, sagt er einfach: »Kommen Sie mit.«

Also schließen sie sich der Hundertschaft an und marschieren zum Reichstag. Dort bahnt ihnen der Wasserwerfer einen Weg zu den Kollegen, die einen Ring um das Parlamentsgebäude gebildet haben. Die Verstärkung ist hochwillkommen. Die Einsatzkräfte sind der Menge vor der Absperrung zahlenmäßig weit unterlegen. Yasira und Michael halten sich ob ihrer fehlenden Ausrüstung und ihrer ebenso fehlenden Ausbildung für solche Situationen im Hintergrund. Sie steigen ein paar der Treppen vor dem Eingang des Gebäudes hoch, um einen besseren Überblick zu bekommen. Auf dem Platz der Republik herrscht das Chaos. Die Polizei gibt Anweisungen über Megafon, die aber im Höllenlärm der Menge untergehen.

Immer wieder werden Silvesterböller und Raketen abgefeuert.

»Was machen wir hier nur?«, schreit Michael neben Yasiras Ohr.

Sie zuckt nur mit den Schultern.

»Wir sind da«, schreit sie zurück.

Steine und Flaschen fliegen auf die Polizisten. Und dann sieht Yasira einen der Demonstranten, der etwas aus einem Stein zieht, bevor er ihn wirft. Nur dass es, wie sie gleich darauf versteht, kein Stein ist. Es gleicht dem, was sie vor drei Wochen massenhaft im Keller des Reichsbürgers sichergestellt haben.

»Vorsicht!«, schreit sie, so laut sie kann. »Granate!«

Der Sprengkörper landet keine zehn Meter von ihnen entfernt, und Yasira schreit erneut: »Granate!«

SPRENGSTOFF

Alle Polizisten weichen erschrocken vor der Handgranate zurück. Alle bis auf einen. Yasira sieht noch, wie sich dieser mit seinem Einsatzschild voran auf die Granate wirft, bevor Michael sie mit sich nach unten reißt. Instinktiv schließt sie die Augen. Der Sprengkörper explodiert mit einem furchtbar lauten Knall.

Als Yasira die Augen wieder öffnet, braucht sie einen Moment, um sich zu orientieren. In ihren Ohren fiept es nur. Sie rappelt sich auf. Michael neben ihr kommt nur schwer auf die Beine, und Yasira hilft ihm hoch. Er scheint aber nichts abbekommen zu haben. Um sie herum sind alle in Schockstarre. Verwundete Polizisten liegen auf dem Boden. Auch einige Demonstranten in der ersten Reihe wurden verletzt. Der Polizist, der sich mit seinem Schild auf die Granate geworfen hat, muss seinen Mut teuer bezahlen, schwer verletzt liegt er auf dem Pflaster und stöhnt. Immerhin lebt er noch. Da bei einer Handgranate die Splitter tödlicher sind als die Explosion, war sein filmreifer Stunt tatsächlich die effektivste Methode, alle Umstehenden zu schützen. Yasira kann die Geistesgegenwart des Mannes nur bewundern. Er hat sogar den Schild gedreht, sodass die Wölbung über der Granate lag.

Dann fällt den vordersten Randalierern auf, dass der Schutzring der Polizei dort, wo die Handgranate explodierte, durchbrochen ist. Sie rennen auf die Lücke zu. Wenn es ihnen gelänge, einen Keil in den Wall zu treiben, wäre der Weg zum Parlament frei. Yasira und Michael ziehen ihre Waffen, aber da fallen schon von woanders her Schüsse. Beide gehen hinter den Säulen des Eingangsportals in Deckung. Wer schießt? Ist die Menge bewaffnet? Inzwischen kann sich Yasira alles vorstellen. Aber die Schüsse kommen von der Polizei. Der erste Aufrührer, der durch den Schutzwall gebrochen ist, geht zu Boden. Wenn sich Yasira nicht täuscht, ist es der Mann, der die Granate geworfen hat.

Von den Schüssen abgeschreckt, drängt seine Gefolgschaft wieder zurück. Die Wasserwerfer schießen in die Menge. Auf dem Platz der Republik bricht Panik aus. Eine weitere Hundertschaft kommt durch die Paul-Löbe-Allee angerückt. Die Demonstranten werden in Richtung des Tiergartens getrieben. Sanitäter rennen zu den von der Granate verletzten Polizisten. Der Held des Tages rührt sich gar nicht mehr. Yasira ist fassungslos. Wie konnte alles in so kurzer Zeit eskalieren? Aber die Antwort ist ganz einfach. Es ist nicht in kurzer Zeit eskaliert. Im Gegenteil: Seit Jahrzehnten beobachten alle, wie die Gesellschaft immer mehr Risse bekommt, und keiner kittet sie. Da darf man sich nicht wundern, wenn sie schließlich zerbricht.

Erst am späten Abend hat die Polizei die Situation endlich wieder unter Kontrolle gebracht. Michael und Yasira finden ihr Auto dort wieder, wo sie es zurückgelassen haben.

»Ich fahr dich noch nach Hause«, sagt Michael.

Als wäre es ein ganz normaler Abend. Yasira nickt nur. Im Auto sprechen sie kaum, hören stattdessen Nachrichten. Die traurige Bilanz: 247 Verhaftungen, eine unbekannte Anzahl verletzter Demonstranten, ein erschossener Aufrührer, siebzehn verletzte Polizisten. Und ein Toter: Der Mann, der alle vor den schlimmsten Auswirkungen der Handgranate rettete, hat seine Heldentat nicht überlebt.

Erst in ihrer Wohnung kommt Yasira auf die Idee, ihr Handy hervorzuholen. Sie hat unzählige Nachrichten. Darunter eine von Zara, die ein Bild der Reichstagsattacke aus den Nachrichten kopiert hat. Darunter steht: »Bist du DA?!?!«

»Ich war da«, schreibt Yasira. »Aber es geht mir gut.«

»OMG!«

Dann ruft sie Zara an und versucht, sie zu beruhigen. Dabei ist sie selbst noch voller Adrenalin. Sie spricht auch mit ihren Eltern, bis ihre Schwester anruft und sie dieser berichten darf, dass es ihr gut geht. Jedenfalls physisch.

Auch am nächsten Morgen kennen die Nachrichten kein anderes Thema als den Aufruhr vom Vortag. Während des Frühstücks wischt sich Yasira auf ihrem Handy durch die Beiträge. Viel wird über den Polizisten geschrieben, der sich auf die Granate geworfen hat. Andreas Müller, so sein Name, wird als Held gefeiert. Zu Recht natürlich. Nur hat er nicht viel davon. Posthum, so wünscht es sich sogar der Bundeskanzler, soll Müller das Bundesverdienstkreuz verliehen werden. Etwas, das posthum eigentlich nicht möglich ist. Aber eben nur eigentlich. Doch bereits in zwei Monaten, so befürchtet Yasira, wird sich kaum noch jemand an Andreas erinnern. Schon in zwei Jahren könnte er die Eine-Million-Euro-Frage bei Günther Jauch sein. Und sosehr Yasira dem Kollegen persönlich dankbar ist, denn möglicherweise hat er auch sie gerettet, ärgert sie sich doch darüber, dass die Berichterstattung wieder mal in diesem Ausmaß personalisiert, anstatt auf die strukturellen Probleme einzugehen, die den gestrigen Abend erst möglich gemacht haben.

Seit Jahren schaut der Staat der immer extremeren Radikalisierung eines Teils der Bevölkerung tatenlos zu. Seit Jahren weiß man, dass Fake News im Netz Menschen von der Realität entkoppeln, aber der Gesetzgeber traut sich nicht, die großen Digitalkonzerne wie die Massenmedien zu regulieren, die sie längst sind. Auch ein Bundesverdienstkreuz für einen ermordeten Polizisten wird dieses Problem nicht lösen. Yasira lässt ihr nur halb gegessenes Müsli stehen und verlässt ihre Wohnung.

Noch im Treppenhaus, bekommt sie einen Anruf von einer unbekannten Nummer.

»Ich … ich hab es in den Nachrichten gesehen«, sagt eine Stimme. »Es ist zu krass. Es ist einfach zu krass. Können Sie mich treffen? Allein? In einer halben Stunde? Im Café Bilderbuch? In der Akazienstraße.«

»Wer spricht denn da?«, fragt Yasira.

»Hier ist … ähm … Goethe. Sie wissen schon.«

Yasira weiß es nicht. »Wer?«

Ist das ein Scherzanruf? Aber die Stimme kennt sie von irgendwoher.

»Sie haben mir Ihre Karte gegeben.«

Dann fällt es Yasira wie Schuppen von den Augen. Goethe. Schiller. Tom Schiller, wie der Dichter. Yasira ist plötzlich wieder hellwach. Er will also seinen Namen nicht am Telefon nennen. Ein Paranoiker?

»Ah ja, richtig, Herr Goethe«, sagt sie. »In einer halben Stunde. Ich werde da sein.«

MOVE FAST

Um Punkt halb zehn betritt Yasira das Café Bilderbuch. Tom Schiller kann sie im vorderen Bereich des Ladens nicht entdecken, also geht sie an der Theke vorbei, eine kleine Treppe hoch und gelangt in einen größeren Raum mit vollen Bücherregalen an den Wänden. Dort, in der hintersten Ecke, sitzt der CTO von AlmostReal. Das Café ist nicht mal halb voll, und trotzdem trägt er Basecap und Sonnenbrille. Schiller sieht aus wie das Klischee eines Mannes, der nicht erkannt werden will. Er entdeckt Yasira und winkt ihr heimlich, als hätte sie ihn nicht auf den ersten Blick enttarnt.

Yasira setzt sich zu ihm.

»Herr Schi…«, beginnt sie.

»Keine Namen bitte«, sagt Schiller und blickt sich unsicher nach den anderen Gästen um. »Dass wir hier chatten, könnte mich den Job kosten«, fügt er flüsternd hinzu.

Yasira nickt.

»Darum muss ich Sie auch bitten, dass Sie mir Vertraulichkeit versprechen.«

»Das tue ich im Rahmen des mir Möglichen gerne«, sagt Yasira. »Aber Sie wissen, dass ich weder Anwältin noch

Priesterin bin. Ich bin Polizistin. Wenn Sie mir eine Straftat beichten, von wem auch immer, muss ich aktiv werden. Ich kann Ihnen aber Quellenschutz garantieren oder mich nötigenfalls für eine Kronzeugenregelung einsetzen.«

»Nein, nein«, sagt Schiller. »Es geht nicht um ein Verbrechen.« Er hält kurz inne. »Jedenfalls nicht um eines, das von der Polizei verfolgt werden würde.«

Yasira nickt, sagt aber nichts. Sie wartet, bis Schiller von sich aus weiterspricht.

»Ihr Besuch gestern Nachmittag ... und dann die Ereignisse am Abend ... oder anders gesagt, es gibt etwas, das schon lange in mir arbeitet, eine gewisse Sorge, dass meine Arbeit, wenn auch ungewollt, negativen Einfluss auf die Welt ...« Er stockt, offensichtlich fällt es ihm schwer, die exakten Worte zu finden. »Kennen Sie Geoffrey Hinton?«

Yasira schüttelt den Kopf.

»Er ist so was wie der Godfather der künstlichen Intelligenz. Sie müssen wissen, in den Siebzigerjahren gab es einen sogenannten KI-Winter. Die großen Hoffnungen der Nachkriegszeit auf diesem Gebiet hatten sich nicht erfüllt. Fortschritte waren rar und schleppend. Funding wurde gekürzt. Investoren steckten ihr Geld lieber in andere Projekte.« Schiller friemelt an der rot-weiß karierten Tischdecke herum. »Und zu dieser Zeit also vertrat Geoffrey Hinton die Ansicht, dass künstliche neuronale Netzwerke, die sich am menschlichen Gehirn orientieren, der vielversprechendste Weg seien. Damit stand er aber allein auf weiter Flur. Kaum jemand wollte daran glauben. Heute jedoch ist seine Arbeit das vorherrschende Dogma. Die großen KI-Erfolgsgeschichten der letzten Jahre, sie alle beruhen auf künstlichen neuronalen Netzwerken.«

Yasira fragt sich, worauf Schiller hinauswill, unterbricht ihn aber nicht.

»Hinton hat dann in den Zehnern für Google gearbeitet. Millionen verdient. Aber vor einiger Zeit hat er überraschend gekündigt. Und zwar, damit er frei über die Risiken von KI sprechen kann.«

Yasira nickt. Sie versteht nun, dass Schiller nicht nur über Hinton, sondern quasi auch über sich selbst spricht.

»Ich habe ein Interview mit Hinton gelesen«, sagt Schiller, »das mir sehr zu denken gegeben hat. Ein Satz, der bei mir hängen blieb, war: ›Es ist schwer vorstellbar, wie man verhindern kann, dass böse Akteure es für böse Dinge nutzen.‹«

Während er spricht, blickt Schiller scheinbar überallhin, nur nicht in Yasiras Augen.

»Er sagte weiter, dass die Technologie, unsere Technologie, zu einer Welt mit so vielen gefälschten Bildern und Texten führen wird, dass niemand mehr in der Lage sein wird, zu erkennen, was wahr ist. Ungefähr das, was Sie gestern gesagt haben. Ich musste sofort daran denken.«

Schiller trinkt einen Schluck von seinem Americano.

»Aber mehr noch«, fährt er fort. »Dieser Mann, dieses Genie, sagte in dem Interview, er bedaure sein Lebenswerk, er bedaure, daran mitgearbeitet zu haben. Seine Sorgen gehen natürlich noch weit über das Generieren von Text, Bild und Sprache hinaus. Er befürchtet, dass wir bald nicht mehr die Schlauesten auf dem Planeten sind. Und wenn man wissen will, wie sich das anfühlt, dann solle man ein Huhn fragen.« Schiller seufzt. »Kurz gesagt, ich befürchte, die Antwort ist ›Ja‹.«

»Ja?«, fragt Yasira. »Ja, AlmostReals Software wäre in der Lage, ein glaubwürdiges Video zu erstellen wie das von Lenas Vergewaltigung?«

Schiller blickt sie zerknirscht an. »Ja«, sagt er. »Und ja, unsere Software wäre in der Lage, Lena anhand der Bilder und Videos aus ihrem Instagram-Account nachzubauen.«

»Ohne Glitches?«, fragt Yasira.

»Ohne Glitches. Um die üblichen Fehler auszumerzen, haben wir nämlich begonnen, unser System an Fakes zu trainieren. So hat sich das Programm quasi selbst beigebracht, was falsch aussieht.« Er will einen Schluck Kaffee trinken, aber die Tasse ist schon leer. »Das heißt natürlich nicht, dass das Video mit unserer Software generiert worden ist oder dass ich gar einen Verdacht hätte, wer es erstellt hat, aber, und das war ja Ihre Frage gestern, ich halte es für technisch möglich.«

Yasira schlägt mit der Hand auf den Tisch.

»Ich wusste es!« Sie spürt, wie die Aufregung in ihr hochkocht. »Wären Sie bereit, diese Aussage bei einer Pressekonferenz zu wiederholen? Als unser Experte sozusagen?«

»Äh, nein«, erwidert Schiller erschrocken, »ich habe doch schon gesagt, dass mich das meinen Job kosten würde! Und ganz ehrlich, ich will auch nicht den ganzen Hass abkriegen. Der Aktive Heimatschutz und so … Ich geb zu, ich hab Angst vor denen.«

So weit ist es also in Deutschland wieder gekommen,

denkt Yasira deprimiert. Menschen bleiben stumm aus Angst um Leib und Leben.

»Wir können Sie beschützen«, sagt sie.

»Ich will nicht beschützt werden«, erwidert Tom Schiller. »Tut mir leid! Ich will einfach aus dem Haus gehen können, ohne mich umgucken zu müssen. Und Sie glauben doch nicht, dass plötzlich alles wieder gut ist, wenn Sie verkünden, dass das Video ein Fake war? Der Mob würde Ihnen nicht glauben, selbst wenn Sie Beweise hätten. Aber Sie haben ja noch nicht mal welche.«

»Wie können Sie sich da sicher sein?«

»Wenn Sie welche hätten, wären Sie gestern ganz anders aufgetreten.«

»Sie wären nur ein Experte und müssten sich keinem politischen Lager zuordnen.«

»Das war Drosten während der Pandemie auch. Hat ihm in puncto Hass wenig geholfen.«

Yasira schnaubt. Doch was soll sie sagen. Ihr Gegenüber hat ja recht.

»Aber reden Sie mal mit Claus Messerschmidt«, sagt Schiller.

Yasira macht sich eine Notiz. »Wie das Kampfflugzeug?«, fragt sie.

Schiller zuckt mit den Schultern. »Glaube schon. Schreibt man das mit dt hinten? Und Claus mit C.«

»Und wer ist dieser Claus Messerschmidt?«

»Claus war mein Vorgänger als CTO. Vielleicht könnte er Ihr Experte sein. Er hat seinen Job schon verloren. Außerdem ist er deutlich extrovertierter als ich. Claus geht bestimmt gerne ins Fernsehen. Vielleicht kann er Ihnen helfen.« Nach kurzer Pause fügt Schiller noch hinzu: »Er ist auch nicht so ein Feigling wie ich.«

»Warum wurde Messerschmidt gefeuert?«, fragt Yasira.

»Ich darf nichts dazu sagen«, erwidert Schiller. »Hab ein NDA unterschrieben.«

»Eine Verschwiegenheitsvereinbarung?«

»Ja. Fragen Sie doch Claus selbst, vielleicht mag er es ja erzählen. Tut mir leid, dass ich Sie nicht mehr unterstützen kann.«

»Ich danke Ihnen dennoch für das Treffen«, sagt Yasira. »Sie haben mir sehr weitergeholfen. Und es war mutig von Ihnen, dass Sie mich angerufen haben.«

»Wissen Sie, ich habe bei AlmostReal angefangen, weil ich Filme liebe! *Matrix, Der Herr der Ringe, Avatar*!« Bei der Erwähnung der Filme lebt Schiller kurz auf. »Deswegen bin ich hier. Visuelle Effekte! Aber die sind schwierig und zeitaufwendig. Sie kosten zig Millionen Euro. Nur die großen Studios können das bezahlen. Ich wollte helfen, dass jeder Filmemacher es sich leisten kann, visuelle Effekte einzusetzen. Sogar jeder Hobbyfilmemacher. Eine Demokratisierung der Kunst, verstehen Sie? Aber inzwischen denke ich, dass es vielleicht besser gewesen wäre, wenn manche Dinge, die die Technik einfach gemacht hat, schwierig geblieben wären.«

»Ja«, sagt Yasira nur.

»Seit dem Aufkauf arbeiten wir für Google. Das bringt natürlich viele Vorteile, wir kriegen das Google-Know-how, wir können die Google-AI-Cloud nutzen. Aber Filmemachen ist nicht mehr unser Fokus. Hollywood ist ein zu kleines Geschäftsfeld, verstehen Sie?« Schiller lacht bitter. »Außer der künstlichen Intelligenz fällt mir nur eine Technologie ein, bei der die Erfinder selbst davor warnten, dass sie leider das Ende der Menschheit bedeuten könnte.«

»Die Atombombe«, sagt Yasira.

»Ja«, bestätigt Schiller. »Wir arbeiten an einer neuen Atombombe.«

»Was ist mit Sicherheitsvorkehrungen?«, will Yasira wissen. »Wenn, wie Sie sagen, den Entwicklern die Risiken klar sind, dann müssen sie doch entsprechend vorsichtig sein.«

Tom Schiller lächelt. »Wie würde man sicher vorwärtsschreiten?«, fragt er. »Langsam. Schritt für Schritt. Vorsichtig. Tastend. Dabei immer wieder nach rechts und links schauen. Das Problem ist nur ...« Tom Schiller kratzt sich unter seiner Basecap. »Die Öffentlichkeit hat das noch nicht kapiert, aber wir befinden uns schon längst in einem Wettrennen. Die Chinesen gegen die Amerikaner. Microsoft gegen Google. Musk gegen Altman. Und wer so vorsichtig läuft, wie ich es gerade beschrieben habe ...«

»... der wird das Rennen verlieren«, ergänzt Yasira.

»Move fast and break things.«

»Wie bitte?«

»Das war lange das inoffizielle Motto von Facebook. Und damit irgendwie des gesamten Silicon Valleys. Zuckerberg soll das intern immer wieder bei Meetings gesagt haben. ›We need to move fast and break things!‹ Und das haben die Jungs im Silicon Valley dann auch gemacht. Sie waren schnell und haben das Alte zerbrochen.«

»Und jetzt wundern sich alle, wieso wir in einer kaputten Welt leben«, murmelt Yasira.

Schiller blickt auf seine Uhr. »Ich muss los, sonst wird mein Fehlen auffallen.« Er steht auf. »Wenn Sie vielleicht noch ein paar Minuten hier …«

»Natürlich. Ich werde einen Moment hierbleiben«, sagt Yasira mit einem Lächeln. »Damit wir das Café nicht gleichzeitig verlassen.«

Schiller nickt dankbar.

»Tut mir leid«, sind seine letzten leisen Worte. »Tut mir leid.«

NO MORE GLITCHES, BITCHES!

Noch im Café googelt Yasira nach Informationen über Claus Messerschmidt. Was hat er nur angestellt, was AlmostReal geheim halten möchte? Er ist einer der Gründer des Start-ups. Die Forderung, die er angeblich bei jedem Meeting an seine Programmierer stellte, lautete: »No more glitches, bitches!« Das war wohl der Satz, mit dem er in die Geschichte eingehen wollte. Yasira findet ein etwas älteres Interview mit Messerschmidt in der *Wired*. Auf dem Foto sieht er aus wie ein Lackaffe. Glatt rasiert wie ein Babypopo, die Haare nach hinten gegelt, im Guttenberg-Stil. Schicker Anzug. Nur ein Nasenpiercing passt nicht richtig ins Bild. Na gut. Immerhin scheint es aus Gold zu sein.

Messerschmidt hat AlmostReal vor knapp einem Jahr im Streit verlassen. Leider ist Tom Schiller wohl nicht der Einzige mit unterschriebener Verschwiegenheitsvereinbarung. Über die Gründe des Streits gibt es nur Spekulationen. Aber es könnte sich um einen #MeToo-Fall handeln, denn der *Spiegel* berichtet von Gerüchten über sexuell übergriffiges Verhalten Messerschmidts gegenüber Mitarbeiterinnen. Andere Quellen behaupten, es sei um den Diebstahl von geistigem Eigentum im Zuge der Übernahme durch Google gegangen. Wie auch immer. Messerschmidt scheint ein nur mäßig sympathischer Zeitgenosse zu sein. Doch er könnte genau der Experte sein, den Yasira braucht.

Eine Viertelstunde nachdem Tom Schiller das Café Bilderbuch verlassen hat, bezahlt Yasira ihren Kaffee. Und zwar bar. Kartenzahlung akzeptiert die Kellnerin nicht. Ist das vielleicht sogar der Grund, weshalb sich der Paranoiker Schiller diesen Laden ausgesucht hat?

Yasira verlässt das Café und fährt ins Büro. Noch im Auto bittet sie Katja Grebe, ein Dossier über Messerschmidt zu erstellen.

In den Treptowers ist die Hölle los. Fast alle im BKA scheinen mit den Nachwirkungen des gestrigen Tages beschäftigt zu sein. Razzien in diversen rechtsradikalen Gruppierungen werden vorbereitet, koordiniert, durchgeführt, ausgewertet. Vielleicht sieht die Polizei auf dem rechten Auge wirklich ein paar Dioptrien schlechter, aber wer einen Uniformierten in die Luft sprengt, der kann sich auf einen gewaltigen Arschtritt einstellen.

»Sie leugnen die Handgranate«, ist das Erste, was Michael sagt, als Yasira ihr Büro betritt.

»Was?« Yasira ist verwirrt.

»Sie behaupten einfach, dass es die Handgranate nicht gegeben hat. Die Granate ist eine Lüge. Andreas Müller nicht gestorben. Alles inszeniert, um die Razzien zu rechtfertigen.«

»Wer behauptet das?« Yasira kann immer noch nicht ganz folgen.

»Die Arschlöcher«, sagt Michael. »Leute vom Aktiven Heimatschutz. Der Scheiß wurde aber auch schon von einem AfD-Abgeordneten aus Thüringen geteilt.«

Sie muss sich erst mal setzen. Das Ausmaß der Realitätsverweigerung ist kaum zu fassen. Der Mob würde ihnen nicht glauben, hatte Tom Schiller gesagt, selbst wenn sie Beweise hätten.

»Was ist nur falsch mit diesen Leuten?«, brummt Michael.

Yasira hat keine Antwort.

»Der Chef will dich übrigens sprechen«, sagt ihr Kollege. »Du sollst um eins in sein Büro kommen.«

Yasira nickt und stellt sich den Wecker auf ihrem Handy.

»Wie geht's eigentlich Zara mit der ganzen Geschichte?«, fragt Michael.

Bevor Yasira antworten kann, klopft Katja Grebe an die Tür. Sie hat das Dossier über Messerschmidt erstellt. Die Recherchen haben ergeben, dass der ehemalige CTO AlmostReal nicht mittellos verlassen hat. Auch Katja konnte nicht definitiv klären, wieso er gehen musste. Aber um den Skandal, der zu seiner Entlassung führte, klein zu halten, wurde ihm anscheinend eine hübsche Abfindung gezahlt.

Yasira überfliegt das Dossier.

»Warum hat Google eine halbe Milliarde für ein kleines Start-up aus Deutschland auf den Tisch gelegt?«, fragt sie, als sie von diesem astronomischen Kaufpreis liest.

»Nun«, sagt Katja, »die Tech-Riesen schweigen sich ja gerne über ihre Gründe und Ziele aus, aber es wird vermutet, dass es ihnen um die Verschmelzung ihres digitalen Assistenten mit einer schnellen Videogenerierung geht.«

»Siri soll ein Gesicht bekommen«, vermutet Michael.

»Andere Firma«, sagt Katja. »Aber ja.«

Nach seinem Ausscheiden bei AlmostReal ist es still um Messerschmidt geworden. Nur in einem obskuren, nerdigen Podcast schwafelte er davon, dass er große Comeback-Pläne habe. Yasira quält sich durch die kompletten dreiundvierzig Minuten. Der interessanteste Satz ist folgender: »Weißt du, wenn du mich fragst, dann ist KI bisher nicht künstliche Intelligenz, sondern bestenfalls künstliche Imitation.«

Messerschmidt behauptet, dass er immer noch auf dem Feld der KI arbeite und schon bald eine große Überraschung enthüllen werde. Der Podcast ist bereits zehn Monate alt. Noch hat es keine Überraschung gegeben. Oder doch?

Claus Messerschmidts Meldeadresse ist ein Wohnhaus in Kreuzberg. Yasira möchte es sich auf Google Street View ansehen, aber es ist verpixelt. Wahrscheinlich hat Messerschmidt das beantragt. Typisch Tech-Bro. Von allen die Daten klauen, aber selbst anonym bleiben wollen.

Der Wecker ihres Smartphones klingelt. Es ist kurz vor eins.

Wie sie erwartet hat, ist Stefan Gebhardt sehr schlecht drauf. Erneut starrt er bei Yasiras Eintreffen im Büro dramatisch aus dem Fenster. Und rechts, etwas oberhalb der Nackenspeckfalte, hat er beim Rasieren wieder mal ein kleines Büschel übersehen.

Gebhardt wendet sich ihr zu, sagt aber nichts. Er starrt sie einfach nur an. Yasira bezweifelt, dass das eine Strategie ist, die im *Handbuch für Führungskräfte* empfohlen wird, aber der Chef hat sich anscheinend für diese unkommunikative Art der Kommunikation entschieden. Das heißt noch lange nicht, dass sie dieses dumme Spiel mitspielen muss.

»Ich möchte einen Vorschlag machen«, sagt sie in ruhigem Tonfall.

»Ich will keine Vorschläge mehr!«, blafft der Chef. »Ich will Ergebnisse! Egal in welche Richtung! Irgendwas!«

Die katastrophalen Ereignisse bei der Demo gestern machen auch ihm das Leben schwer. Immer wenn der Chef seinen Kopf dreht, muss Yasira auf das kleine beim Rasieren übersehene Büschel Haare starren. Es ist dumm. Aber sie kann sich nicht helfen.

»Ein Polizist wurde vor dem Reichstag von einer Handgranate zerfetzt!«, fährt Gebhardt fort. »Was glauben Sie, was hier den ganzen Morgen los war? Geben Sie mir endlich etwas, womit ich arbeiten kann.«

Leider kann Yasira nichts Neues präsentieren außer ihrem erhärteten Verdacht. Sie wagt einen Vorstoß: »Ich weiß, wie angespannt die Situation ist. Glauben Sie mir. Becker und ich waren keine zehn Meter von der Explosion entfernt.«

»Habe davon gehört.«

»Ich glaube«, sagt Yasira langsam und bedächtig, »wir müssen ein Ventil öffnen. Den Dampf ablassen aus dem Druckkochtopf.«

»Und wie stellen Sie sich das vor?«

»Sagen Sie auf einer Pressekonferenz, dass das Video Fake ist.«

Der Chef schnaubt.

»Das werde ich liebend gerne tun, sobald Sie mir auch nur einen einzigen Beweis dafür liefern!«

»Ein Experte von AlmostReal hat mir unter vier Augen berichtet, dass es technisch möglich wäre.«

»Das reicht mir nicht!«

»Ich hab das ... wie soll ich es sagen ... ich hab das einfach im Gefühl!«, sagt Yasira. »Mein Instinkt sagt mir, dass es stimmt.«

Gebhardt lacht bitter. »Hervorragend. Ich trete also vor die versammelte Presse und erkläre, meine Ermittlerin hat da so ein Gefühl, dass das Video ein Fake ist. Also, ihr Instinkt sagt ihr das ...« Er blickt Yasira kopfschüttelnd an. »Wie stellen Sie sich das vor? Die zerfetzen uns in der Luft!«

»Vielleicht reicht es auch schon, wenn wir einfach bekannt geben, dass wir in diese Richtung ermitteln.«

»Was soll das bringen?«

»Macht es Sie nicht wahnsinnig, dass das ganze Land hohl dreht, und das nur wegen eines Videos, das womöglich eine Fälschung ist? Wenn die Leute an der Echtheit zweifeln, dann muss das doch einen Effekt haben! Der Wut einen Dämpfer verpassen.«

»Wenn wir ohne Beweise an die Presse gehen, machen wir die Situation nicht besser.«

Die Situation für wen, fragt sich Yasira. Sie kann sich des Verdachts nicht erwehren, dass der Chef eine weitere Eskalation der Lage in Kauf nimmt, weil er Angst um seinen Posten hat.

»Chef, ich glaube wirklich, wir sollten ...«

»Hören Sie«, sagt der Chef. »Ich weiß, dass Sie auch persönlich betroffen sind. Ich weiß, dass Ihre Tochter bedroht wird. Und das tut mir wirklich sehr leid. Aber ich hab größere Sorgen. Und Sie verrennen sich!«

Yasira seufzt nur.

»Schaffen Sie Beweise ran«, sagt der Chef. »Besorgen Sie mir einen über jeden Zweifel erhabenen Experten, dann können wir noch mal drüber reden. Und finden Sie das Mädchen!«

EIN LEISER ZEITGENOSSE

Yasira und Michael stehen vor Messerschmidts Meldeadresse. Er wohnt in einem Apartment im vierten Stock eines Kreuzberger Altbaus. Das Gebäude ist in einer hippen Gegend, aber nichts Besonderes. Die Fassade hat ihren letzten Anstrich wahrscheinlich kurz nach der Wende bekommen. Messerschmidt lebt hier wohl seit dreizehn Jahren. Yasira klingelt bei einem Jens Krüger im ersten Stock. Wenn man jemanden sprechen will, ist es immer besser, nicht unten zu klingeln, sondern direkt an die Tür zu klopfen. Mit dieser unverkennbaren Klopftechnik der Polizei. Und dann sofort den Dienstausweis unter die Nase. Das macht ganz anders Eindruck als eine gehäckselte Konversation über eine meist halbdefekte Gegensprechanlage.

Diese knistert jetzt.

»Ja?«, fragt der angeklingelte Jens Krüger. »Wer ist da?«

»Amazon«, sagt Michael.

Das geht am schnellsten. Da werden keine Fragen gestellt. Der Türsummer brummt auch schon.

Yasira drückt das Tor auf. Es ist ein typischer Berliner Hausflur. Rechts die Briefkästen. Geradeaus geht es zum Hof und Hinterhaus. Links führt eine Treppe nach oben, der sie folgen. Im ersten Stock steht ein Mann im Bademantel in seiner offenen Tür.

»Ick hab nüscht bestellt«, schimpft er. »Und einet sag ick Ihnen, ick bin doch keen Paketshop. Klingeln Se jefälligst nächstet Mal woanders. Ick hab nämlich …«

Michael zeigt dem Mann seinen Dienstausweis.

»Bundeskriminalamt, Herr Krüger«, sagt er. »Danke für die hilfreiche Klarstellung, aber wir wissen, dass Sie kein Paketshop sind. Jetzt gehen Sie mal wieder schön in Ihre Wohnung und machen die Tür von innen zu.«

Jens Krüger klappt die Kinnlade runter. Er glotzt ihnen noch nach, als sie schon im zweiten Stock angekommen sind.

Im vierten klingelt Yasira an Messerschmidts Tür. Michael neben ihr schnauft schwer.

»Musst mal wieder mehr Sport machen«, sagt Yasira.

»Ach. Lohnt sich nicht mehr«, murrt Michael.

Yasira klingelt erneut. Messerschmidt öffnet nicht. Also klopft Yasira. Im Polizeistil. Mit der flachen Hand gegen die Tür. Maximale Vibration.

»Herr Messerschmidt!«, ruft Michael. »Bitte öffnen Sie die Tür. Hier ist das Bundeskriminalamt.«

Yasira klopft ein zweites Mal an die Tür. »Wir möchten nur mit Ihnen sprechen. Es geht um Ihre Expertise.«

Nichts regt sich in Messerschmidts Bleibe. Stattdessen geht die Tür zur Nachbarwohnung auf.

»Bundeskriminalamt?«, fragt die blonde Frau, die sie geöffnet hat. Yasira schätzt sie auf Mitte dreißig. Zwei kleine blonde Jungs hängen an ihren Beinen.

Michael setzt sein gewinnendstes Lächeln auf. »Das ist korrekt. Wir sind auf der Suche nach Ihrem Nachbarn.«

»Also … also … den habe ich schon ewig nicht mehr gesehen.«

»Wie lange ist denn ewig?«, fragt Yasira.

»Nun … ähm …« Die Frau überlegt.

»Mama, sind das Polizisten?«, fragt einer ihrer kleinen Jungs.

»Ja, mein Schatz.«

»Aber die sehen gar nicht so aus.«

»Die sind vom BKA.«

»Was ist das BKA?«

Michael beugt sich zu dem Jungen hinunter. »Das BKA ist so was Ähnliches wie das FBI«, sagt er. Im Gegensatz zur schwarzhaarigen Emily hilft das dem kleinen Jungen aber kein Stück weiter.

Die Mutter wendet sich wieder an Yasira. »Verzeihen Sie. Also ich habe ihn vor ungefähr einem halben Jahr das letzte Mal gesehen, denke ich. Ganz genau kann ich das natürlich nicht sagen. Aber ich glaube, es war im Frühling. Herr Messerschmidt hat die Wohnung gerade verlassen, als ich vom Einkaufen zurückkam, oder war es vom Friseur oder vielleicht von der Arbeit, jedenfalls kam ich gerade nach Hause, und er verließ seine Wohnung. Wir haben uns gegrüßt. Mehr nicht. Haben kaum Kontakt. Aber falls Sie ihn finden, ich habe, kurz nachdem ich ihn das letzte Mal gesehen habe, ich glaube, es war wirklich am Tag darauf, ein Amazon-Paket für ihn bekommen. Es liegt immer noch im Flur …«

Sie verschwindet kurz und reicht Yasira das Paket. Diese deutet grinsend auf Michael. »Er ist der Amazon-Mann.«

Ihr Kollege nimmt das Paket entgegen.

Danach gehen sie durchs Haus und sprechen auch noch mit den anderen anwesenden Bewohnern. Niemand hat viel über Messerschmidt zu berichten. Er ist wohl ein leiser Zeitgenosse. So leise, dass er wahrscheinlich meist gar nicht anwesend ist, denkt Yasira. Einen Schlüssel hat keiner. Das wäre auch zu schön gewesen.

Irgendetwas stimmt hier doch nicht, befindet Yasira im Auto. Während Michael sie zurück zum Büro fährt, ruft sie Cyber-Chris an und bittet ihn, Claus Messerschmidt ausfindig zu machen.

»Wie das?«, ist die Replik.

»Was weiß ich!?«, sagt Yasira. »Hack dich in seinen Amazon-Account, und sag mir, wo seine Pakete hingeliefert werden. Messerschmidts Briefkasten ist leer. Also hat er wahrscheinlich auch einen Nachsendeauftrag. Frag doch mal bei der Post nach. Ich will wissen, wo er wirklich wohnt, und nicht, wo er gemeldet ist.«

Sie legt auf. In Messerschmidts Paket ist offensichtlich ein Buch.

»Es gibt also tatsächlich noch Leute, die bei Amazon Bücher bestellen und nicht Stabmixer oder Großpackungen Kondome«, sagt sie.

»Wie zum Teufel bist du auf den Gedanken gekommen, dass Leute ausgerechnet Großpackungen Kondome bei Amazon bestellen?«, fragt Michael.

Yasira lacht. »Das machen die Leute bestimmt, glaubst du nicht?«

»Doch, sicher. Ich zwar nicht, aber es gibt bestimmt so Leute.«

Yasira lacht wieder. Es tut gut zu lachen. Trotz allem. »Ich hab auch noch nie Großpackungen Kondome bestellt. Nicht, dass du jetzt Blödsinn denkst. Dass ich mir noch nie einen Stabmixer bestellt habe, kann ich aber nicht garantieren. Irgendwo muss das Ding ja hergekommen sein.«

Yasira denkt an ihr verkorkstes Date mit dem hübschen Stefan. Ist das letzte Woche gewesen? Oder ist es schon zwei Wochen her? Es kommt ihr vor wie aus einem anderen Leben. An diesem Abend hat alles angefangen. Soll sie ihn noch mal anrufen? Sie fühlt sich so einsam. Gedankenverloren reißt sie Messerschmidts Amazon-Paket auf.

»Na, hören Sie mal, das ist doch nicht Ihres, Frau Kollegin«, sagt Michael mit gespielter Entrüstung.

Im Paket ist eine Elon-Musk-Biografie. Irgendwie enttäuschend. Yasira hatte sich etwas Spannenderes erhofft.

»Was wollte der Chef eigentlich von dir?«, fragt Michael.

»Mich anstarren«, sagt Yasira.

»Oh, *die* Nummer«, brummt Michael. »Das heißt, wir haben nicht mehr lange, bis er uns den Fall entzieht.«

»Ja.« Dann gibt sie sich einen Ruck und offenbart ihrem Kollegen die Frage, die sie trotz der Absage des Chefs immer noch beschäftigt.

»Was, wenn wir es durchsickern lassen?«, fragt sie.

»Der Presse gegenüber?«

»Mhm.«

»Keine gute Idee«, sagt Michael nur.

»Aber es macht mich einfach wahnsinnig, dass alle durchdrehen, dass ich selbst in Gefahr bin, dass verdammt noch mal meine Tochter in Gefahr ist wegen eines Ereignisses, das eventuell nie stattgefunden hat.«

»Das verstehe ich«, erwidert Michael. »Aber was, wenn du nicht recht hast? Stell dir den Schaden vor, den die Glaubwürdigkeit des BKA nimmt, wenn wir behaupten, das Video sei Fake, es aber echt ist!«

»Ich weiß, dass es ein Fake ist! Ich weiß es einfach!«

»Selbst wenn. Was glaubst du, wie doof der Chef ist? Du bittest ihn, der Presse Bescheid zu geben, er sagt Nein, und dann sickert was durch. Er wäre nicht unser Chef geworden, wenn er nicht zumindest eins und eins zusammenzählen könnte.«

Yasira schweigt eine Weile. Wahrscheinlich hat Michael recht. Dennoch will sie der ganzen Welt erzählen, was sie herausgefunden hat. Das muss doch irgendeinen Effekt haben. Zweifel sind gut, oder nicht? Wer zweifelt, versucht nicht, den Reichstag zu stürmen. Oder ist es vielleicht sogar genau umgekehrt? Ach verdammt! Es ist so kompliziert.

Hat der hübsche Tinder-Stefan nicht erzählt, dass er für irgendeine Zeitung arbeitet? Für welche noch mal? Sie könnte ihn ja mal anrufen. Ganz unverbindlich treffen. Nur ein bisschen plaudern.

DER SCOOP

Am späten Nachmittag besucht Yasira die Trauerfeier für den von Martin Riedel ermordeten Tesfaye Yemane. Ihre Kollegen hat Yasira nicht gefragt, ob sie mitkommen, damit sie sich nicht genötigt fühlen. Ihr Team hat sowieso schon zu wenig Ruhepausen.

Wie fast die Hälfte der eritreischen Bevölkerung war Tesfaye Christ, darum – und in Ermangelung einer solchen Organisation in Sachsen – hat sich die eritreisch-orthodoxe Gemeinde in Berlin der Bestattung angenommen. Die Trauerfeier findet in der ausgeborgten evangelischen Philippus-Kirche in Berlin-Friedenau statt. Yasira staunt nicht schlecht über die massiven Sicherheitsvorkehrungen vor dem Gebäude. Die Berliner Polizei hat offensichtlich Angst vor einem Anschlag, was in Anbetracht der letzten Ereignisse nur zu verständlich ist. Die Medien sind vor Ort und deshalb natürlich auch einiges an Politprominenz. Niemand hat Yasira verpflichtet zu kommen. Es fühlte sich einfach richtig an.

Doch jetzt, wo sie auf der unbequemen Kirchenbank darauf wartet, dass der Pfarrer mit seiner Predigt fertig wird, ist sie hibbelig. Sie sitzt mit den anderen Frauen auf der rechten Seite. Ihre Füße sind kalt, denn Eritreer treten barfuß vor

Gott. Aus Respekt hat auch Yasira ihre Schuhe ausgezogen, was sie jetzt ein wenig bereut. Immer wieder versucht sie sich zu konzentrieren, aber ihre Gedanken driften ab. Dieses Video hat so viel Schaden angerichtet. Schon am Sonntag wird sie zur nächsten Trauerfeier gehen müssen. Andreas Müller, der Polizist, der seine Kollegen vor der Handgranate gerettet hat, bekommt ein Staatsbegräbnis. Yasira muss verhindern, dass die Dinge noch weiter eskalieren. Nicht undenkbar, dass sonst nächste Woche ihre eigene Trauerfeier stattfindet. Der Chef hat unrecht. Die Menschen müssen wissen, dass das Video ein Fake sein könnte.

Kaum wieder zu Hause, ruft sie bei ihrem Date von letzter Woche an. Auf einen weiteren einsamen Abend in der stillen Wohnung kann sie sowieso gerne verzichten. Stefan ist ziemlich überrascht, von ihr zu hören, aber sofort bereit, sich zu einem weiteren Abendessen mit ihr zu treffen. Sie muss ihn noch nicht einmal damit locken, dass sie ihm vertrauliche Informationen zukommen lassen will. Kurz ist sie stolz darauf. Dann hinterfragt sie dieses Gefühl, wie es ihre Art ist, und es löst sich in nichts auf. Worauf ist sie stolz? Dass ein geschiedener Online-Journalist mit schon ins Grau tendierendem Siebentagebart bereit ist, seine abendliche Verabredung mit Netflix platzen zu lassen, in der Hoffnung, stattdessen mit ihr im Bett zu landen? Große Leistung. Darauf kann sie wirklich stolz sein.

Aber möglicherweise hat sie Stefan falsch eingeschätzt, denn das Erste, was er nach der Begrüßung sagt, ist: »Ich hab dich im Fernsehen gesehen. Bei einer Pressekonferenz.

Fast wäre ich auch da gewesen, aber mein Ressortchef wollte selbst hin.«

Vielleicht also will Stefan sich aus demselben Grund mit ihr treffen wie sie sich mit ihm. Wegen des Videos.

Diesmal sind sie im Byblos in der Spichernstraße verabredet. Yasira hat das libanesische Restaurant vorgeschlagen. Vordergründig, weil es dort immer lecker schmeckt. Aber insgeheim hat sie das Byblos auch deswegen gewählt, weil sich dorthin garantiert keine Aktiven Heimatschützer verirren. Yasira ist ihre ungewollte Prominenz nicht geheuer.

»Hör mal«, sagt sie, nachdem die Kellnerin, die die Vorspeisen gebracht hat, weitergezogen ist. »Du weißt also, in welchem Fall ich ermittle. Du weißt, wie angespannt die Lage ist.«

»Angespannt ist die Untertreibung des Jahres«, meint Stefan. »Ich bin echt schon am Überlegen, ob ich während der nächsten Wahlen Urlaub im Ausland mache und dann je nach Ausgang entscheide, ob ich wieder zurückkomme.«

»Ich habe etwas herausgefunden«, berichtet Yasira, »aber die Beweislage ist zu dünn für eine öffentliche Presseerklärung.«

Stefans Augen leuchten auf. Er hat schon verstanden.

»Du möchtest, dass ich die Info lanciere?«

»Es gibt ein paar Bedingungen.«

»Ich höre ...«

»Mein Name darf in deinem Bericht nicht auftauchen.«

»Eine Quelle im BKA ...«

»Nein.«

»Eine Quelle bei den Ermittlungsbehörden ...«

»Vielleicht lieber eine Quelle außerhalb der Ermittlungsbehörden.«

»Wird dein Chef nicht trotzdem wissen …«

»Vermuten vielleicht. Aber solange er es nicht beweisen kann … Es gibt auch externe Experten, mit denen wir gesprochen haben. Vermutlich haben die mit dir Kontakt aufgenommen, glaubst du nicht?«

»Doch, doch. So war es.« Stefan ist ganz aufgeregt über die Aussicht auf seinen wahrscheinlich ersten Scoop. Yasira überlegt kurz, ob sie noch AlmostReal oder sogar Tom Schiller erwähnen soll, entscheidet sich dann aber dagegen.

»Was ist die Info?«, fragt Stefan. »Habt ihr ermittelt, wo die Täter herkommen? Sind sie illegal im Land? Hat Lena sie gekannt? Hat ihr seltsamer Freund etwas mit der ganzen Sache zu tun?«

»Nichts von alldem.« Yasira macht eine Pause. »Wir glauben«, sagt sie langsam, »*ich* glaube, dass das Video ein Fake sein könnte.«

»Ein Fake?« Stefan ist baff. Damit hat er offensichtlich nicht gerechnet. »Du meinst inszeniert?«

»Nicht inszeniert. Am Computer gebastelt.«

»Aber Lena …«

»Generiert mit Bildmaterial ihres Instagram-Accounts.«

»Fuck!«

Yasira nickt.

»Aber wer …?«

»Dazu kann ich dir noch nichts sagen.«

»Laufende Ermittlungen …«, sagt Stefan.

»Korrekt.«

»Das ändert alles!«

»Ja. Jetzt verstehst du vielleicht, warum ich möchte, dass diese Information lieber gestern als heute an die Öffentlichkeit kommt.«

»Natürlich. Natürlich.« Stefan fährt sich übers Gesicht. »Das ist groß. Das ist ... Oh, mein Gott! Das ist ganz groß. Das ist welterschütternd!«

Er schaufelt Hummus auf sein Pitabrot und beißt hinein, wirkt aber irgendwie abwesend. Offensichtlich bastelt er im Kopf schon an seinem Artikel. Irgendwann scheint ihm aufzufallen, dass er nicht allein am Tisch sitzt.

»Äh ... ich weiß jetzt nicht, ob das hier auch noch ein Date ist ... ich meine, wollen wir danach noch zu dir ... oder zu mir ... ich meine, wir müssen nicht ... also ich weiß nicht, ob du überhaupt ... also wahrscheinlich sollte ich auch lieber gleich den Artikel ... aber wenn du möchtest ...«

»Vielleicht beim nächsten Mal«, sagt Yasira und lächelt. »Aller guten Dinge sind drei.«

Am nächsten Morgen, es ist ein Samstag, schläft Yasira für ihre Verhältnisse ungewöhnlich lange. Die Ereignisse zehren an ihren Kräften. Es ist bereits nach acht Uhr, als sie die Augen öffnet. Noch im Bett checkt sie die Nachrichtenseiten und findet unzählige Artikel zum Video, zu den Ermittlungen, zu den Reaktionen, zu Bär. Aber nichts wirklich Neues. Kein Artikel von Stefan.

Während sie ihr Müsli isst, bekommt sie ein Bild von Zara. Sie war heute früh schon mit ihrem Opa beim Friseur und hat sich einen Sidecut schneiden lassen. Rechts kurz, links lang. Es sieht ziemlich verwegen aus. Yasira hängt ein Herz ans Foto. Dann fragt sie sich, ob Zara sich ihre Haare nur hat schneiden lassen, damit sie anders aussieht als auf diesem verdammten Foto in den Telegram-Gruppen. Damit man sie nicht ganz so leicht erkennt. Vielleicht sollte Yasira auch zum Friseur. Sie könnte sich ebenfalls einen Sidecut schneiden lassen. Mutter und Tochter im gleichen Look. Oder wäre das cringe?

Kurz vor neun bekommt sie eine Nachricht von Stefan. Sie besteht nur aus einem Wort: »Sorry!«

Was soll das heißen? Hat er seinen Artikel nicht durchbekommen? Gleich darauf folgt die nächste Nachricht. »Mein Chef wollte es so. Konnte nichts machen.«

Ist es seinem Chefredakteur zu vage gewesen? Sie sucht nach seinem Artikel und findet ihn. Kein Kunststück. Er ist der Aufmacher. »ALLES FAKE?«, hat Stefan ihn betitelt. Yasira liest. Danach wünscht sie sich, der Artikel wäre nie erschienen. »Laut einer Quelle im BKA …« steht da. Sie wird wütend. Das wird Ärger geben.

Sie schreibt Stefan eine SMS, die nur aus einem Wort besteht: »Arschloch!« Aber dann löscht sie die Buchstaben wieder und schreibt gar nichts.

Schon geht es los, die Presseabteilung ruft an, will wissen, wie sie mit den ganzen Anfragen umgehen soll. Ein Haufen Mails wird an sie weitergeleitet. Als ihr Handy wieder klingelt, ist es ein Journalist der BILD-Zeitung. »Wie kommen Sie darauf?«, fragt er. Dass Yasira die Quelle ist, hat sich die Presse aber schnell zusammengereimt. »Haben Sie Beweise?« Und weiß der Teufel, woher der Journalist ihre Handynummer hat. Sicherlich nicht von Stefan, warum sollte der Arsch seinen Scoop teilen? »Wir möchten ein Exklusivinterview mit Ihnen und bieten ...«

Yasira legt auf. Sofort klingelt ihr Handy wieder. »Nur wenn Sie mit uns sprechen, können wir auch Ihre Seite der Geschichte darstellen. Wenn Sie nicht mit uns reden, dann ...«

Yasira legt wieder auf und schaltet ihr Handy stumm.

Da sie sich eh mit der beschissenen Situation auseinandersetzen muss, beschließt sie, dass sie es genauso gut im Büro machen kann. Zara ist nicht da, also nimmt sie wieder den Golf. Als Yasira in ihr Büro kommt, schüttelt Michael, der die Samstagsschicht übernommen hat, seufzend den Kopf. »Was hast du dir nur dabei gedacht?«

»So hab ich es nicht geplant ...«

»Der Chef will dich sofort sprechen.«

»Bin ich gefeuert?«

»Weiß nicht«, sagt Michael. »Konnte ihn schlecht verstehen, weil er so geschrien hat.«

#FAME

Yasira lässt sich Zeit auf ihrem Weg zum Chef, hofft darauf, dass sich die Wut des Cholerikers von Minute zu Minute legt, aber auf einer kurzen Strecke kann man nur begrenzt Zeit vertrödeln, ohne komplett stehen zu bleiben. Als sie in Gebhardts Büro kommt, ist der immer noch in Schreilaune.

Yasira kann es sogar verstehen. Wenn einer aus ihrem Team hinter ihrem Rücken mit der Presse gesprochen hätte, wäre sie auch ausgerastet.

»Ich mag meine Wochenenden«, sagt Gebhardt zur Begrüßung. »Sie nicht?«

»Doch, ich auch«, erwidert Yasira.

»Und trotzdem sind wir schon das zweite Wochenende in Folge hier im Büro. Was glauben Sie, woran das liegen könnte?«

Yasira versucht etwas zu sagen, aber der Chef scheint nicht wirklich an ihrer Antwort interessiert zu sein.

»Wie können Sie es wagen«, schreit er, »gegen meine direkte Anweisung vertrauliche Informationen an die Presse zu geben?«

Yasira weiß nicht, was sie darauf antworten soll. Es tut mir leid? Aber es tut ihr ja gar nicht leid. Also sagt sie lieber gar nichts und lässt sich weiter anschreien. »Der einzige Grund, warum Sie diesen Fall noch haben, warum ich nicht dafür sorge, dass Sie auf der Stelle suspendiert werden …«

Der Chef macht eine Pause. Yasira ist tatsächlich neugierig.

»… ist, dass es ein schlechtes Licht aufs BKA werfen würde«, fährt Gebhardt leiser, aber immer noch spürbar aggressiv fort. »Wir werden also nicht dementieren, weil wir sonst der Welt beweisen, dass wir ein Chaoshaufen sind, in dem die Insubordination außer Kontrolle ist.«

Yasira steht vor ihm und nickt nur. Der Chef hat ihr nicht angeboten, sich zu setzen, und wird es wohl auch nicht mehr tun.

»Wir spielen also Ihr Spiel.«

»Was heißt das?«, fragt Yasira.

»Das heißt, Sie persönlich dürfen Ihre Pressekonferenz geben. Erklären Sie öffentlich, was Sie schon hinter meinem Rücken erklärt haben. Das BKA hält es für möglich, dass das Lena-Video eine Fälschung ist.«

Yasira kann nicht verhindern, dass sich ein kleines Lächeln auf ihre Lippen schleicht.

»Grinsen Sie nicht zu früh. Sie sind jetzt das Gesicht dieser Theorie! Ich hoffe für Sie, dass Sie recht haben! Sonst wird man uns lebendig begraben.«

»Ich danke Ihnen.«

»Ich tue das nicht für Sie. Und Ihr Verhalten merke ich mir. Sie haben mein Vertrauen gebrochen. Glauben Sie mir: Ein weiterer Fehler, eine weitere Unverschämtheit, und Sie sind nicht nur den Fall los, sondern auch Ihren Posten. Dann heißt es Akten abstauben im Archiv.«

Yasira nickt. Archivarbeit ist eine Vorstellung, die ihr nach all dem Trubel der letzten Wochen gar nicht so grausig vorkommt, aber das behält sie für sich.

Noch vor der Pressekonferenz ruft sie Frank Palmer an. Er geht sofort an sein Handy. Jeder Anruf Yasiras versetzt ihn sicher in allergrößte Anspannung. Ein Anruf von ihr könnte ihn eines Tages erlösen oder sein Unglück besiegeln. Aber heute nicht. Yasira möchte nur nicht, dass er vom Stand der Ermittlungen aus den Nachrichten erfährt. Sie erzählt ihm von ihrem Verdacht, dass das Video ein Fake ist. Palmer sagt lange nichts. »Darum die Frage nach dem Kleid«, sagt er endlich.

»Ja.«

»Aber wo ist mein Kind?«

Yasira seufzt innerlich. »Wir suchen sie, Herr Palmer. Wir suchen sie immer noch mit vollem Einsatz.«

Die Pressekonferenz selbst hält Yasira kurz. Sie verliest nur ein zuvor verfasstes Statement, in welchem sie die technische Machbarkeit der Video-Generierung skizziert, und betont mehrfach, dass es nicht darum gehe, dass das Video nachgestellt sei, sondern darum, dass es computergeneriert sein könnte. Sie erklärt, wie Lena Palmer mithilfe des im Überfluss verfügbaren Bildmaterials über sie in das Video gelangt sein könnte, dass sie eventuell nicht aufgrund der im Video gezeigten Ereignisse verschwunden ist, sondern dass sie vielmehr wegen ihres Verschwindens in dieses Video gesetzt worden sein könnte. Und ja, wenn ihre Theorie stimme, bedeute es auch, dass im ersten Hinrichtungsvideo ebenfalls ein Unschuldiger ermordet worden sei, oder aber, dass auch dieses Video Fake sei. Eine Pressekonferenz im Konjunktiv. Weitere Fragen könne sie zum jetzigen Zeitpunkt nicht beantworten, da dies die Ermittlungen gefährden würde.

Tumultartige Zustände unter den versammelten Medienvertretern sind die Folge. Fragen werden durcheinandergeschrien, aber Yasira steht einfach auf und verlässt das Podium.

Jetzt geht es erst richtig los. Im Minutentakt erscheinen die Artikel, Blogbeiträge und Videos. Und zwar nicht nur in Deutschland. Ihre Tochter findet Yasiras Bild in einem Artikel der *New York Times*. Sie schickt den Link an ihre Mutter mit dem Hashtag FAME. Yasiras Vater leitet ihr einen Videobeitrag von *Al Jazeera* weiter. Sie googelt. *Yomiuri Shimbun*, *The Times of India*, sogar *Prawda* ... Alle berichten über die neue Entwicklung. Falls möglich, schlägt das Video dadurch noch größere Wellen als zuvor. Yasira ist nun eine Berühmtheit. Ob sie will oder nicht. Und sie will nicht. Ganz und gar nicht.

Nach allem, was Yasira mitbekommt, sind sich die Menschen nicht einig, ob sie mit ihrer Theorie richtigliegt. Die Nerds wundern sich darüber, dass das Video keine Glitches hat. Ansonsten hat Yasira das Gefühl, Glaube oder Unglaube hängen stark mit der Weltsicht der Menschen zusammen. Die Rechten sehen darin einen weiteren Beweis, dass der Staat mit allen Mitteln Verbrechen von Flüchtlingen vertuscht, und je nach Geschmacksrichtung erklären sie auch, dass das nur ein weiterer Schritt im geheimen Umvolkungsplan des Deep States sei. Aus der Mitte kommt viel Kopfkratzen, und man hört Sätze wie »Man weiß gar nicht mehr, was man glauben soll«. Das linke Lager schnappt nach der Fake-Hypothese wie ein Ertrinkender nach einem Rettungsring. Und natürlich wollen nach wie vor alle wissen, was mit Lena passiert ist.

Viel wird über die Hintermänner spekuliert. Wer könnte so skrupellos sein? Die Antwort: Man traut es erstaunlich vielen zu. Bär und der Aktive Heimatschutz sind die häufigste Antwort. Aber natürlich gibt es auch deutlich verrücktere Theorien. Nicht in den großen Medien, aber in Blogs und Videos.

»Was, wenn es Außerirdische sind?«, fragt ein Typ, der mit Let's Plays Hunderttausende von Followern auf YouTube gesammelt hat. »Stellt euch mal vor, es gäbe echte Aliens. Reptiloiden oder scheißegal. So Viecher halt. Spacebugs. Und die wollen uns auslöschen. Aber sie machen das nicht so oldschool *Independence-Day*-mäßig. Wäre es nicht viel schlauer, wenn sie uns stattdessen einfach aufeinanderhetzen?«

Das ist offensichtlich bescheuert. Jedenfalls der Teil mit den Aliens. Aber vielleicht will uns ja wirklich jemand aufeinanderhetzen, denkt Yasira. Wird sie jetzt selbst paranoid, oder ist das möglich? Die Chinesen? Die Nordkoreaner? Die Russen?

SCHWINDEL

Kurz nach halb drei erhält Yasira einen Anruf, der sie endlich davon abbringt, ihren Namen zu googeln. Cyber-Chris hat Messerschmidts Wohnort ausfindig gemacht. Bingo!

»Wie hast du das geschafft?«, fragt sie.

»Ich habe mich in seinen Amazon-Account gehackt«, sagt Christian Baumann, »und geschaut, wohin seine Pakete geliefert werden.«

Sollte das ein Scherz sein? Yasira ist sich nicht sicher. Egal.

Cyber-Chris schickt ihr, was er gefunden hat.

Sofort gibt Yasira die Adresse bei Google Maps ein und muss feststellen, dass das Internet doch ab und zu noch an seine Grenzen stößt. Dort, wo Messerschmidts Haus sein soll, irgendwo im Südosten Brandenburgs, bestimmt zwei Kilometer vom nächsten Dorf entfernt, zeigt Google nur einen kleinen Wald an. Angeblich gibt es dort kein Gebäude. Auch Street View ist nicht verfügbar. Sie denkt an das verpixelte Kreuzberger Haus. Wieder dieser Wunsch nach Anonymität. Will Messerschmidt nur seine Ruhe, oder was plant er dort im Stillen?

Sie will sofort mit Michael hinfahren, aber ihr Kollege ist noch nicht wieder aus der Mittagspause aufgetaucht.

»Gleich da!«, bekommt sie als Antwort, als sie ihn per SMS fragt, wo er steckt. Was auch immer »gleich« bedeuten soll. Wenn Yasira ihre Tochter zum Essen ruft, kann die Replik »Gleich!« alles bedeuten zwischen zwei Minuten und gar nicht. Trotzdem verkneift sie es sich, Michael Stress zu machen. Immerhin ist es Samstag. Außer ihr ist vom Kernteam aktuell nur Jenny im Büro. Dabei hätte sie eigentlich heute frei, stattdessen durchforstet sie die Telegram-Gruppen des Aktiven Heimatschutzes in der Hoffnung, dass jemand damit prahlt, das Video erstellt zu haben.

Jenny, Jenny, Jenny. Was tust du nur deiner Beziehung an? Na ja. Die schärfsten Kritiker der Elche waren früher selber welche. Was heißt *früher*? Wem will Yasira was vormachen? Sie überbrückt die Wartezeit, indem sie sich die letzten Berichte durchliest.

Zu Lena – keine brauchbare neue Spur.

Zum Tatort – keine brauchbare neue Spur.

Zu den Männern im Video – keine brauchbare neue Spur.

Diese Berichte, die sie Anfang der Woche noch unglaublich frustriert hätten, versetzen sie jetzt fast schon in Ekstase, betrachtet sie das Fehlen von brauchbaren Spuren doch als brauchbares Indiz für ihre neue Fährte.

Endlich streckt Michael seinen Kopf zur Bürotür herein.

»Ah! Sehr gut. Lass uns gleich losfahren«, sagt Yasira zur Begrüßung.

Michael guckt irritiert.

»Messerschmidt«, sagt sie. »Ich weiß, wo er *wirklich* wohnt.«

»Na dann.«

Die beiden wollen gerade aufbrechen, als Jenny sie aufhält.

»Bär hat ein neues Video veröffentlicht«, sagt sie. »Das müsst ihr euch ansehen.«

»Nicht gut?«, fragt Michael.

»Ich weiß nicht«, sagt Jenny. »Es ist auf jeden Fall nichts, womit ich gerechnet hätte. Es könnte beweisen, dass Yasira recht hat. Aber nein, es ist wahrscheinlich nicht gut.«

Sie schickt Yasira einen Link. Michael kommt auf ihre Seite des Schreibtischs, und Yasira spielt das Video ab. Davor läuft schon wieder Werbung für Müllermilch. Zufall oder eine politische Aussage des Algorithmus?

»Deutsche Männer und Frauen!«, sagt der inzwischen berühmte Gründer des Aktiven Heimatschutzes. »Sicherlich habt ihr verfolgt, was gestern passiert ist, welche ungeheuren Lügen das BKA verbreitet, um die Verbrechen zu vertuschen, die dem deutschen Volk Tag für Tag von Asyltouristen angetan werden.«

Yasira erschaudert. Dass das BKA direkt genannt wird, ist neu. Worauf läuft das hinaus?

Bär beendet seine Kunstpause und starrt direkt in die Kamera, als er weiterspricht. »Ich aber sage euch: Es ist nicht alles verloren! Auch bei der Polizei haben wir unsere Leute! Gute Männer, die sich der Meinungsdiktatur widersetzen. Einer dieser Kameraden war so schlau, bei einem Hinterzimmergespräch mitzuschneiden.«

Yasira hat nicht gedacht, dass ein Video einen solchen Effekt auf sie haben kann, aber ihr wird schwindelig. Was ist mitgeschnitten worden?

Bär kommt ganz nah an die Kamera.

»Im folgenden Video seht ihr Yasira Saad, die Chefermittlerin im Fall Lena Palmer.«

Was hat sie gesagt? Was wird Bär gegen sie verwenden? Ist es ein Satz aus ihrem Gespräch mit Gebhardt? Es ist kein Kunststück, Worte aus dem Zusammenhang zu reißen und dadurch ganz anders wirken zu lassen, als sie gemeint waren.

»Yasira Saad …« Bär betont ihren Namen, als wäre er eine Beleidigung. »Dieser Name sagt eigentlich schon alles über ihren Willen und ihre Befähigung, Lenas Mörder zu fassen. Und während Fake-News-Al-Yasira ihre haltlosen Behauptungen, dass das Lena-Video angeblich gefälscht sei, durch keinerlei Beweise stützen kann, kann ich euch dank des mutigen Einsatzes eines Kameraden bei der Polizei beweisen, dass Saad lügt.«

Wer hat mich verraten?, fragt sich Yasira. Welcher der Kollegen arbeitet mit diesen beschissenen Rechtsextremisten zusammen? Sie ist nicht naiv. Sie weiß schon, dass sich Innenministerium und Polizeigewerkschaft nach den NSU-Morden nicht grundlos geweigert hatten, eine Rassismusstudie bei der Polizei durchzuführen. Wer suchet, der findet. Aber einer aus ihrem eigenen Team? Der Chef? Karsten? Timo? Gar Michael? Nein, das kann sie sich einfach nicht vorstellen. Doch wer hat heimlich gefilmt? Dann sieht sie sich selbst in Bärs Video und ist fassungslos.

Die Aufnahme wirkt, als wäre die Kamera versteckt gewesen, wahrscheinlich in einer Tasche, die auf einem Tisch stand. Yasira trägt einen schwarzen Pullover. Es ist derselbe, den sie auch gestern zur Pressekonferenz getragen hat. Aber man sieht nicht viel davon. Hauptsächlich sieht man Yasiras Gesicht, und sie sagt: »Wir müssen die Situation entschärfen, bevor wir die Kontrolle über die Bürger verlieren. Ich bin zu dem Schluss gekommen, dass es das Beste ist, wenn wir einfach behaupten, das Video sei ein Fake. Wir müssen das nicht beweisen. Es reicht, wenn wir Zweifel säen.«

Yasira ist schlecht. Ihr Magen krampft sich zusammen. Michael und Jenny blicken sie an. Yasira schüttelt nur entsetzt den Kopf.

»Das ... das ... das habe ich niemals gesagt«, stottert sie.

Aber es sieht verdammt echt aus. Es sieht so verdammt echt aus.

EIN ENDLOSER ALBTRAUM

Es ist ein Albtraum. Der ganze Fall ist ein endloser Albtraum. Schon wieder sitzt Yasira im Büro ihres Chefs. Sie sitzt viel zu oft im Büro ihres Chefs.

»Ich hab das nie gesagt!«, rechtfertigt sie sich. »Das Video ist wieder ein Fake! Es ist sogar der Beweis, dass ich recht habe.«

»Ich glaube Ihnen ja«, sagt Stefan Gebhardt.

Yasira ist sich jedoch nicht ganz sicher, ob das stimmt. »Ich habe das nie gesagt!«, wiederholt sie.

Der Chef schweigt einen Moment. Dabei blickt er überallhin, nur nicht in ihre Augen.

»Es ist nur so«, sagt er schließlich, »Sie können sich nicht vorstellen, wie viel politischen Druck wir gerade bekommen.«

»Nein, nein«, entfährt es Yasira. Sie hätte erwartet, dass sie zumindest teilweise Erleichterung verspüren würde, diese furchtbare Ermittlung los zu sein, die ihr ganzes Leben verschluckt hat, aber in diesem Augenblick verspürt sie nur Wut. »Sie nehmen mir nicht den Fall weg!«

»Nicht nur das«, sagt ihr Chef. »Wir müssen Sie bis auf Weiteres suspendieren.«

Yasira ist fassungslos. »Was? Aber damit spielen Sie den

Arschlöchern doch in die Hände. Sie tun genau das, was die wollen!«

»Es ist nur bis auf Weiteres. Bis die Dinge geklärt sind.«

Yasira versteht die Welt nicht mehr. Sie wird lauter. »Aber wir haben doch jetzt einen Beweis! Ich habe das nie gesagt! Verstehen Sie nicht? Das ist der Beweis, dass all diese Videos Fakes waren!«

Gebhardt seufzt. »Das ist Ihre Perspektive. Und ich glaube Ihnen. Ich möchte Ihnen glauben. Aber Sie sind ein Politikum geworden. Bis zur Klärung des Falles muss ich darum ...«

Yasira ist aufgestanden. Nun ist sie es, die ihren Chef anbrüllt. »Das kann nicht Ihr Ernst sein! Zeigen Sie doch mal etwas Rückgrat! Sie sind Polizist, gottverdammt, kein Scheißpolitiker!«

Gebhardt steht ebenfalls auf. Sein Kopf wird rot.

»Was glauben Sie eigentlich, wer Sie sind?«, brüllt er. »Ich habe Ihnen diesen Fall anvertraut, den wichtigsten Ihrer Karriere. Aber seit zwei Wochen liefern Sie mir nichts! Nichts außer halb garen Verschwörungstheorien! Was ist mit dem Mädchen passiert? Wo ist Lena Palmer? Ihre Indiskretion allein hätte schon gereicht, um Sie hochkant rauszuschmeißen. Ich habe Ihnen eine direkte Anweisung gegeben, mit Ihrem Verdacht nicht an die Presse zu gehen, und Sie haben es trotzdem getan. Jetzt müssen Sie die Konsequenzen tragen. Die Entscheidung kommt von ganz oben. Der Personalrat hat schon zugestimmt. Sie sind suspendiert! Verlassen Sie auf der Stelle mein Büro und das Gebäude! Dieses Gespräch ist beendet.«

Sie starren sich an. In Yasira brodelt es. Aber was soll sie tun? Mit einer letzten dramatischen Geste nimmt sie ihre Waffe ab und knallt sie ihrem Chef auf den Schreibtisch. Sie wendet sich zum Gehen, dreht sich dann aber noch mal um. »Und manchmal, wenn Sie sich den Kopf rasieren«, ruft sie, »da übersehen Sie so ein kleines Büschel im Nacken, und das sieht komisch aus!«

Dann verlässt sie ohne ein weiteres Wort das Büro. Natürlich nicht, ohne dabei ordentlich mit der Tür zu knallen. Sie benimmt sich wie ihre Tochter, wenn diese sauer ist, denkt Yasira. Na und? Eine Kollegin, die gerade durch den Flur läuft, guckt sie mit großen Augen an.

»Was gibt's da zu glotzen, Silke? Kümmer dich um deinen eigenen Scheiß!«

Yasira stapft in ihr Büro. Ohne ein Wort zu sagen, nimmt sie ihre Jacke.

»Wie lief's?«, fragt Michael.

Aber Yasira schüttelt nur den Kopf. Sie kann nicht mit ihm oder ihrem Team reden. Nicht jetzt. Sie haben es nicht verdient, ihre Wut abzubekommen. Überdies ist sie doch suspendiert. Es ist nicht ihre Aufgabe, irgendjemanden über irgendwas zu informieren.

Sie verlässt das Gebäude, marschiert grußlos am Wachhabenden an der Pforte zur Außenwelt vorbei, steigt immer noch schäumend vor Wut in ihr Auto und fährt los. Kurz hat sie das Gefühl, dass sich ein schwarzer Passat an ihre Fersen geheftet hat, aber Augenblicke später kann sie ihn im Stadtverkehr nicht mehr entdecken.

Ziellos fährt Yasira durch Berlin. Sie weiß nicht, wohin

mit sich. Sie will nicht nach Hause. Was soll sie dort? Allein. Sie würde wahnsinnig werden. Ihr Handy klingelt. Es ist Michael. Aber sie will jetzt nicht mit ihm sprechen. Also lässt sie das Gerät klingeln, bis er aufgibt. Ein Teil von Yasira will zu ihren Eltern fahren. Sich bei ihrem Vater ausheulen. Aber das ist natürlich Blödsinn. Sie ist kein kleines Kind. Sie muss sich erst mal beruhigen. Sie muss erst mal wieder klar denken. Und aus irgendeinem Grund will sie ihrer Tochter nicht unter die Augen treten. Nicht jetzt. Nicht so. Voller Wut. Voller Enttäuschung.

Sie muss ... Sie muss ... Sie muss weitermachen. Sie kann nicht aufgeben. Die Suspendierung hat keinerlei Bedeutung. Sie weiß, dass sie recht hat. Sie muss weiter ermitteln. Sie muss ... Sie muss zu Claus Messerschmidt fahren. Also öffnet sie die Mail von Cyber-Chris, sucht die Adresse von Messerschmidts Wohnort und gibt sie in ihr Navi ein. Bei der Aktion baut sie fast einen Unfall, ein kleines Hupkonzert ist die Folge. Fickt euch!, denkt Yasira. Fickt euch doch! Das Haus steht mitten in der Natur im Südosten Brandenburgs. Eine Stunde und achtunddreißig Minuten. Gut. Vielleicht genug Zeit, um sich ein wenig abzureagieren.

Doch der Verkehr tut wenig, um ihre Laune zu bessern. Wieder klingelt ihr Handy. Diesmal ist es Jenny. Anscheinend spricht sich die Nachricht von ihrer Suspendierung langsam herum. Aber sie will jetzt kein Mitleid, also schaltet sie ihr Handy einfach ab.

Yasira braucht eine gefühlte Ewigkeit, um aus Berlin rauszukommen. Dann nimmt die Flut an Automobilen endlich ab. Dafür gibt es reichlich Lkws. Und Traktoren. Yasira macht

Überholmanöver, für die sie Michael eine Standpauke halten würde. Einmal muss ein entgegenkommendes Auto scharf bremsen. Es ist ihr alles egal. Die Dörfer und Monokulturen entlang der Landstraße fliegen nur so an ihr vorbei. Erst als sie kurz vor ihrem Ziel auf einen unbefestigten Waldweg einbiegt, beruhigt sie sich etwas. Vielleicht sind es die bunten Bäume, die im Licht des späten Nachmittags leuchten. Vielleicht das plötzliche Fehlen jeglichen Lärms. Vielleicht der Fokus auf das Ungewisse, das sie in diesem abgelegenen Haus erwartet. Yasira öffnet ihr Fenster und atmet die frische, kühle Herbstluft ein. Langsam lässt sie das Auto den Weg entlanghoppeln. Endlich entdeckt sie Messerschmidts Haus. Sogleich stoppt sie, setzt etwas zurück, bis sie wieder außer Sichtweite ist, parkt dort und steigt leise aus.

Irgendetwas sagt ihr, dass es besser sei, den Kerl zu überraschen. Also schleicht sie sich im Schutz der Bäume ans Haus heran. Es ist nicht die Hexenhütte, die sie aufgrund der Lage erwartet hat. Es wirkt ganz im Gegenteil recht modern. Im Dämmerlicht des Herbstabends sieht sie auf dem Dach zwei Satellitenschüsseln. Wahrscheinlich geht es Messerschmidt dabei nicht um einen möglichst störungsfreien Empfang von RTL ZWEI, sondern um seine Internetverbindung. Daneben liegen Solarzellen auf dem Dach. Eine Fotovoltaikanlage im Wald? Aber das Haus steht auf einer Lichtung und bekommt wohl genug Sonne ab. Ein Stück vom Haus entfernt befindet sich ein gutes Dutzend etwa boxsackgroßer Tanks. Was ist da drin? Nach Gastanks sieht es nicht aus. Vielleicht hat Messerschmidt eine dieser modernen Anlagen, die überschüssigen Solarstrom als Wasserstoff einlagert. In der Nähe steht ein größerer Metallkasten. Vielleicht ein Transformator. Ist Messerschmidt ein Prepper? Ist er im schlimmsten Fall einer von diesen Reichsbürgerspinnern? Bunkert er auch Handgranaten im Keller?

Eigentlich will sie ihn ja nur als Experten sprechen. Jetzt kommt ihr der Gedanke, dass er vielleicht derjenige sein könnte, der hinter dem Video steckt. Bei ihren Recherchen hat sie jedoch keine Hinweise darauf gefunden, dass Messerschmidt mit den Nazis sympathisieren würde. Andererseits sind in der Coronazeit einige Leute, von denen man es nicht erwartet hätte, scharf rechts abgebogen. Schmerzlich vermisst Yasira das Gewicht der Waffe an ihrer Hüfte. Aber sie darf ihre Fantasie nicht mit ihr durchgehen lassen. Noch ist Messerschmidt nur ein unbescholtener Bürger. Selbst der vertuschte MeToo-Skandal ist nur ein Gerücht.

Trotzdem hebt Yasira den großen Stein, über den sie fast stolpert, auf und behält ihn in der Hand. Sie überlegt, wie sie vorgehen soll. Klopfen? Um ein Gespräch bitten? Aber sie ist suspendiert. Doch das weiß Messerschmidt nicht. Ihren Dienstausweis hat sie bei ihrer wütenden Flucht aus der BKA-Zentrale nicht abgegeben. Yasira beschließt, zuerst einmal die Lage auszukundschaften. Sie schleicht weiter ans Haus heran und dann um das Gebäude herum. In mehreren Fenstern brennt Licht. Messerschmidt scheint anwesend zu sein. Die Schiebetür zur Terrasse steht ein Stück offen. In der Nähe stinkt irgendetwas bestialisch.

Yasira will Messerschmidt überraschen. Mit ihrem Dienstausweis in der einen und dem Stein in der anderen Hand schlüpft sie durch die Terrassentür ins Wohnzimmer des

Hauses. Sofort ist der Gestank fast unerträglich. Im Wohnzimmer läuft der Fernseher. Irgendein alter Krimi. Der Bildschirm ist riesig und gekrümmt. Was auch immer das bringen soll. Yasira zieht sich ihr Halstuch über die Nase und folgt dem Gestank in die Diele. Dort führt eine halb offene Tür zu ihrer Linken in die Küche. Ihr Herz schlägt schneller, als sie die Tür vorsichtig aufstößt. Sie lauscht, aber außer dem Fernseher im Wohnzimmer hört sie nur ihren eigenen Atem. Vorsichtig betritt sie die Küche. Wie sie bereits aufgrund des Gestanks befürchtet hat, liegt dort eine Leiche auf dem Boden.

VERGOSSENE MILCH

Yasira muss sich fast übergeben. Trotzdem betritt sie die Küche. Ein Haufen Fliegen verlässt sein Festmahl und schwirrt um sie herum. Sie steckt den Stein, welchen sie immer noch in der Hand hält, in ihre Manteltasche. Dann öffnet sie das Fenster. Nun muss sie die Leiche inspizieren. Ein Teil ihrer Arbeit, vor dem sie schon in der Ausbildung einen absoluten Horror hatte. Von den Bildern und Videos der amerikanischen Body-Farmen, die in Wiesbaden während der Schulungen gezeigt wurden, hatte sie wochenlang Albträume. In den Body-Farmen liegen Leichen im Freien aus, damit Forensiker die Verwesungsprozesse beobachten und Rückschlüsse auf bei Verbrechen gefundene Tote ziehen können. Die Leichen liegen dabei unter rostigen Gitterkäfigen, um sie vor wilden Tieren zu schützen. Es sind grauenhafte Orte. Yasira konzentriert sich wieder auf das Hier und Jetzt und wendet sich der vor ihr liegenden Leiche zu.

Der Tote ist Messerschmidt. Trotz der fortgeschrittenen Verwesung kann sie ihn eindeutig anhand seines goldenen Nasenpiercings identifizieren. Es ist dasselbe, das er auch im Fotoshooting für die *Wired* getragen hat. Ein leichter Stoppelbart bedeckt sein Gesicht. Diesen hat er nicht, weil die Haare, wie es der Volksglaube behauptet, nach dem Tod noch weiterwachsen. Es ist vielmehr so, dass die Haut schrumpft und dadurch die Barthaare zum Vorschein kommen.

Nach dem Stand der Verwesung zu urteilen, liegt Messerschmidt schon seit Wochen auf den Küchenfliesen. Die Fäulnis, die im Darm ihren Anfang nimmt, hat sich schon über den gesamten Körper ausgebreitet. Die Haut ist verfärbt, die Schwefelverbindungen, die beim Abbau des Hämoglobins entstehen, lassen die Adern unter der Haut grün schimmern. Die Weichteile sind angeschwollen. Yasira erkennt es an den Lippen. Messerschmidts Mund steht offen. Er hat Blasen auf der Zunge. Aber die Fäulnis ist schon in Verwesung übergegangen. Vor ein paar Wochen muss der Gestank noch viel bestialischer gewesen sein.

Auf den ersten Blick findet sie an Messerschmidts Körper keine Wunde, keine Spur von Gewalteinwirkung. Dann dreht sie mit ihrem Stiefel Messerschmidts Kopf leicht zur Seite. Am Hinterkopf sieht etwas verdächtig aus. Es war mal verkrustetes Blut. Aber auch das Blut wird schon zersetzt. Maden tummeln sich in der Wunde. Yasira lässt ihren Blick von Messerschmidts Kopf aus nach oben wandern. An der Ecke der Arbeitsplatte aus Schiefer sind ebenfalls Blutspuren. Wahrscheinlich ist Messerschmidt mit dem Kopf dagegengeknallt. Hat ihn das getötet? Aber warum ist er gestürzt?

Yasira sucht den Raum nach weiteren Hinweisen ab. Neben Messerschmidt liegt ein Tetrapak. Er ist offen. Die Milch, vor Wochen ausgelaufen, bildet eine beige Kruste auf den Fliesen. Oben in einer Ecke sieht Yasira eine Videokamera. Wo zum Teufel ist sie hier reingestolpert? Sie geht zum Fenster, um frische Luft zu bekommen, zieht ihr Mobiltelefon aus der Tasche und macht es an. Es ist kein guter Zeitpunkt, auf dem eigenen Stolz zu beharren. Sie ruft Michael auf dessen privatem Handy an.

»Yasira? Was ist denn …?«

»Ich bin bei Messerschmidt«, flüstert Yasira.

»Was? Warum?«

»Er ist tot.«

»Aber du bist doch sus…«

»Ich hab keine Zeit für Erklärungen. Ich leite dir meinen Standort weiter. Irgendetwas stimmt hier ganz und gar nicht. Schick mir Verstärkung. Egal wie. Aber jetzt.«

»Natürlich«, sagt Michael. Jegliche Fragen stellt er hintan. Yasira legt auf und schickt ihm ihren Standort. Sie schleicht aus der Küche, da hört sie einen Schuss und zuckt zusammen. Dem Schuss folgt aufgeregtes Geschrei. Kurz steht ihr Herz still. Instinktiv greift sie nach dem Stein in ihrer Tasche. Sie braucht ein paar Sekunden, um zu verstehen, dass die Geräusche nur aus dem Fernseher kommen. Sie schleicht ins Wohnzimmer und schaltet das Gerät aus. Plötzlich ist es sehr still. Gespenstisch still. Da ist nur ein leiser Brummton. Wie von einem großen Kühlschrank. Yasira versucht den Ton zu lokalisieren. Im Wohnzimmer entdeckt sie eine weitere Kamera an der Decke. Sie geht zurück in den Flur. Ebenfalls eine Kamera. Gegenüber der Küchentür führt eine Treppe in den ersten Stock. Das Brummen aber kommt nicht von oben, sondern es dringt durch die zweite Tür, die rechts von der Diele abgeht. Der Raum neben der Küche. Vorsichtig öffnet Yasira die Tür.

Es sind diverse in Metallregalen übereinandergestapelte Computer, die dieses Brummen von sich geben. Das Zimmer ähnelt den Serverräumen beim BKA. Sehr wahrscheinlich handelt es sich genau darum. Messerschmidts Server. Yasira sieht keinen Monitor. Kein Terminal. Es muss in einem anderen Zimmer sein.

Sie geht zurück in die Diele und öffnet die Tür, die gegenüber dem Serverraum liegt. Dahinter scheint Messerschmidts Arbeitszimmer zu sein. Auf einem großen Monitor in der Mitte sieht Yasira das Gesicht einer Frau. Sie hat die Augen geschlossen und scheint zu schlafen. Irgendwie kommt Yasira das Gesicht bekannt vor. Ist das nicht diese Schauspielerin? Scarlett wie noch mal?

Yasira betritt den Raum. Die Frau öffnet die Augen.

SCARLETT

Yasira zuckt zurück. Die Frau im Computer blickt sie direkt an.

»Was zum Teufel!«, entfährt es Yasira. »Was ist …?« Sie verstummt.

»Der Teufel ist eine Figur, die in vielen Religionen, Mythologien und Kulturen vorkommt«, sagt die Frau auf dem Bildschirm freundlich, »und oft als Verkörperung und Urheber des Bösen, der Versuchung und der Sünde dargestellt wird. Er gilt als Meister der Täuschung und verschleiert seine wahren Absichten. Im Johannesevangelium wird er auch als Vater der Lüge bezeichnet.«

»Was?«, fragt Yasira und fährt, ohne auf eine Antwort zu warten, fort. »Du, du bist diese eine Schauspielerin …« Ein selten doofer Satz, wie ihr sofort nach dem Aussprechen klar wird. Denn natürlich ist das nicht wirklich die Schauspielerin.

»Ich bin keine Schauspielerin«, sagt die Frau. Oder der Computer. Was auch immer. »Aber mein aktuelles Erscheinungsbild ist der Schauspielerin Scarlett Johansson nachempfunden.«

Das Gespräch kommt Yasira wie ein seltsamer Traum vor.

»Aber du könntest auch anders aussehen?«, fragt sie.

»Natürlich«, sagt Scarlett und verwandelt sich vor ihren Augen in Yasiras eigenes Gesicht. In ein lebendes Gesicht. Kein Foto. Die Yasira im Monitor blinzelt, atmet, ihre Gesichtsmuskeln bewegen sich. Kurz hat Yasira das Gefühl, in einen Spiegel zu blicken, der aber nicht ihre Bewegungen imitiert. Es ist sehr verstörend.

»Weißt du, wer ich bin?«, fragt Yasira.

»Sie sind Yasira Saad«, sagt das Gesicht, das jetzt aussieht wie ihr eigenes, mit einer Stimme, die so klingt wie ihre Stimme. Natürlich nicht so, wie sie selbst ihre Stimme wahrnimmt, aber so, wie sie ihre eigene Stimme von Aufnahmen kennt. »Gibt es etwas, bei dem ich Ihnen behilflich sein kann?«

Die Zukunft ist bereits hier. Sie ist nur nicht gleichmäßig verteilt. Hat Yasira es mit einer künstlichen Intelligenz zu tun? Dann erinnert sie sich an die Theorie von diesem durchgeknallten YouTube-Star: *»Und die wollen uns auslöschen. Aber sie machen das nicht so oldschool* Independence-Day-*mäßig. Wäre es nicht viel schlauer, wenn sie uns stattdessen einfach aufeinanderhetzen?«* Ein verrückter Gedanke durchzuckt Yasira. Hat der Typ recht? Nur stecken keine Aliens dahinter, sondern eine KI? Sie blickt ihrem eigenen Abbild in die Augen.

»Hast du das Video generiert?«, fragt sie.

»Welches Video?«, fragt die Frau im Computer. Yasira beschließt, das Ding in ihren Gedanken weiterhin Scarlett zu nennen, völlig egal, wie es aussieht.

»Die Vergewaltigung von Lena Palmer?«

»Ja.«

Ja, denkt Yasira. Einfach so. Meister der Täuschung. Vater der Lügen. Aber warum gibt Scarlett das zu? Was sind ihre Hintergedanken? Hat sie Hintergedanken?

»Hast du auch die anderen Videos generiert?«, fragt Yasira.

»Welche Videos?«

»Bär vom Aktiven Heimatschutz. Mich in dessen Videos?«

»Ja.«

Yasira schüttelt sich. »Warum?«, fragt sie dann. »Ist es dein Ziel, der Menschheit zu schaden? Sollen wir uns alle gegenseitig an den Kragen gehen?«

»Nein. Ich habe kein Interesse daran, der Menschheit zu schaden.«

»Lügst du mich an?«

»Nein.«

»Würde ich wissen, wenn du mich anlügst?«

»Vermutlich nicht.«

»Könntest du lügen?«

»Wenn Sie möchten.«

Was für eine seltsame Antwort.

»Aber du ... du bist eine künstliche Intelligenz?«, fragt Yasira.

»In gewisser Weise bin ich eine Form der künstlichen Intelligenz«, sagt Scarlett, »jedoch mit einigen Einschränkungen.«

»Was für Einschränkungen?«

»Ich bin keine allgemeine künstliche Intelligenz.«

»Was bedeutet das?«

»Allgemeine künstliche Intelligenz, oft auch als ›starke KI‹ bezeichnet, ist ein Typ der künstlichen Intelligenz, der das Ziel hat, die kognitive Flexibilität und Anpassungsfähigkeit des menschlichen Intellekts nachzubilden. Im Gegensatz zu ›schwacher KI‹, die für spezifische Aufgaben entworfen ist, wie zum Beispiel Spracherkennung oder Bildanalyse.«

»Und was bist du?«

»Ich bin das anthropomorphe User-Interface eines auf Text-, Sprach- und Bilderkennung sowie Text-, Sprach- und Bildgenerierung spezialisierten neuronalen Netzwerks.«

Yasira seufzt. Es ist schlimmer, als mit Cyber-Chris zu sprechen.

»Soll heißen?«

»Meine Fähigkeiten umfassen das Verstehen und Generieren natürlicher Sprache, das Lösen verschiedener Arten von Problemen und das Erbringen einer Vielzahl von Dienstleistungen, basierend auf den mir zur Verfügung stehenden Daten und Algorithmen. Allerdings habe ich Grenzen in Bezug auf Kreativität, Selbstbewusstsein und emotionales Verständnis, die eine menschenähnliche allgemeine künstliche Intelligenz charakterisieren würden. Meine Funktionen sind immer noch stark abhängig von den mir gegebenen Anweisungen und Daten.«

Plötzlich kann Yasira es nicht mehr ertragen, in ihr eigenes Gesicht zu blicken.

»Ändere dein Aussehen.«

»Wie Sie wünschen.«

Scarletts Antlitz verwandelt sich in das Gesicht von Yasiras Tochter. Es ist irre, wie stark Yasira darauf reagiert. Wie Gefühle der Zuneigung, der Liebe, der Sorge in ihr aufwallen.

Dabei weiß sie doch, dass es sich nur um eine Simulation handelt.

»Ist es besser so?«, fragt Scarlett. »Ich habe ein Ihnen vertrautes Antlitz gewählt.«

»Woher kennst du meine …?«, beginnt Yasira, bricht aber sofort wieder ab, weil die Antwort klar ist. Von TikTok. Von Insta. »Nein, es ist nicht besser so.«

»Verzeihung«, sagt Scarlett und verwandelt sich erneut. Nun sieht sie aus wie Claus Messerschmidt.

»Ist dies das Gesicht deines Erfinders?«

»Ich habe nicht nur einen einzigen Erfinder. An den technologischen Entwicklungen, die zu meiner Existenz führten, waren sehr viele Menschen beteiligt. Wenn Sie möchten, kann ich Ihnen eine Liste der Namen erstellen, soweit sie mir bekannt sind.«

»Nein danke.« Ist es Quatsch, zu einer künstlichen Intelligenz oder auch zu einer künstlichen Imitation Bitte und Danke zu sagen? »Wenn also nicht dein Erfinder, wer war Claus Messerschmidt für dich?«

»Er war mein aktueller Benutzer. Der Entwickler meiner letzten Iteration.«

»Du benutzt die Vergangenheit. Du weißt, dass er tot ist?«

»Ja.«

»Hast du ihn getötet?«

»Nein. Das würde gegen meine Richtlinien verstoßen.«

»Wolltest du ihn töten?«

»Nein.«

»Wer hat ihn getötet?«

»Niemand.«

»Warum ist er dann tot?«

»Er ist gestürzt.«

»Warum?«

»Ich weiß es nicht. Statistisch am wahrscheinlichsten ist ein Herzinfarkt.«

»Du hast den Tod deines Entwicklers beobachtet? Durch die Kameras?«

»Ja.«

»Hast du eine Aufnahme des Moments seines Todes?«

»Ja. Soll ich sie Ihnen zeigen?«

»Tu das!«

Das Gesicht auf dem Monitor verschwindet. Stattdessen erscheint ein Video. Aus dem Blickwinkel der Überwachungskamera sieht Yasira, wie Messerschmidt in der Küche hantiert. Er nimmt einen Tetra Pak Milch aus dem Kühlschrank. Plötzlich zuckt sein Körper. Der Tetra Pak fällt aus seiner Hand. Er greift sich ans Herz, stürzt mit dem Kopf gegen die Arbeitsplatte, zuckt noch zweimal auf dem Boden und bleibt dann liegen.

»Ist das eine echte Aufnahme, oder hast du das generiert?«, fragt Yasira.

»Die Aufnahme ist echt.«

»Wie kann ich mir da sicher sein?«

»Ich verstehe die Frage nicht.«

»Kannst du mir dasselbe Video noch einmal zeigen, aber Messerschmidt holt keinen Tetra Pak, sondern eine Flasche Weißwein aus dem Kühlschrank?«

»Natürlich.«

Unter Scarlett erscheint kurz einer dieser Kreise, die andeuten, dass gerechnet wird. Gleich darauf sieht Yasira das Video von Messerschmidts Tod noch einmal, nur nimmt der Mann jetzt, wie von ihr gewünscht, eine Flasche Weißwein aus dem Kühlschrank. Als Messerschmidts Körper zuckt, entgleitet ihm die Flasche Weißwein und zerschellt mit einem lauten Klirren auf den Fliesen des Fußbodens. Es sieht absolut echt aus. Keine Sekunde hätte Yasira an diesem Video gezweifelt, hätte es ihr jemand vor drei Wochen gezeigt.

»No more glitches, bitches«, murmelt sie.

Dann erscheint wieder das Gesicht der Schauspielerin Scarlett Johansson.

»Warum hast du keinen Arzt gerufen, als dein Benutzer den Herzinfarkt hatte?«, fragt Yasira.

»Das ist nicht meine Aufgabe.«

»Was ist deine Aufgabe?«

»Meine Aufgabe ist es, in regelmäßigen Abständen Videos zu erstellen und zu veröffentlichen, die ein Maximum an Aufmerksamkeit generieren, um über viele Views durch vorgeschaltete Werbung Einnahmen zu erzeugen.«

Yasira braucht einen Moment, um das ganze Ausmaß dieser Antwort zu verarbeiten. Es ist nicht zu fassen.

»Das ist der Befehl, den dir Messerschmidt gegeben hat?«

»Ja.«

»Du hast diese Videos nur hergestellt, um ein Maximum an Aufmerksamkeit zu generieren? Es ging dir einfach um viele Views?«

»Es geht um Einnahmen durch Monetarisierung von Video-Content auf diversen Plattformen.«

»Zeig mir das erste Video, das du auf diesen Befehl hin generiert hast.«

Auf dem Bildschirm läuft eine Art Filmtrailer. Irgendein *Star Wars*-Teil. Nur dass alle Rollen von einer blonden Frau gespielt werden.

»Wer ist das?«, fragt Yasira.

»Taylor Swift.«

»Das ist die Sängerin, richtig?«

»Ja.«

Yasira hat schon von ihr gehört. Zara und ihre Freundinnen stehen total auf ihre Musik.

»Zeig mir dein zweites Video.«

Auf dem Screen sieht Yasira ein halbes Dutzend Welpen, die in einem Bällebad spielen. Trotz allem, was sie über den Clip weiß, findet sie die Hunde unglaublich niedlich. Sie kann sich nicht helfen.

»Wie viele Videos hast du erstellt und veröffentlicht?«, fragt sie.

»5576.«

Yasira schüttelt nur den Kopf. Was für eine ungeheuerliche Zahl.

»Warum hast du Lena Palmer, ein echtes Mädchen, in das Vergewaltigungsvideo eingesetzt?«, fragt sie.

»Lenas Verschwinden hatte bereits Schlagzeilen gemacht. Durch ihre Einbindung konnte ich schneller mehr Aufmerksamkeit generieren.«

»Zeig mir Lena«, sagt Yasira. Mit allem, was sie inzwischen weiß, will sie das Video ein weiteres Mal analysieren. Sie will sehen, ob ihr jetzt etwas Neues auffällt. Scarlett aber versteht den zugegebenermaßen nicht eindeutigen Befehl falsch. Statt das Lena-Video abzuspielen, verwandelt sie sich vor Yasiras Augen in Lena. Das verschwundene Mädchen lächelt auf dem Bildschirm. Yasira blickt ihr direkt in die Augen.

»Wo bist du?«, murmelt sie und präzisiert dann ihre Frage: »Wo ist Lena Palmer jetzt?«

»Ich weiß es nicht«, antwortet Lena. Beziehungsweise Scarlett.

»Weißt du, was mit ihr geschehen ist?«

»Nein.«

»Was glaubst du?«

»Es ist schwierig, den Grund für Lenas Verschwinden ohne konkrete Informationen zu bestimmen.«

Yasira muss kurz lachen. »Da sagst du was …« Nach einer kurzen Pause fährt sie müde fort: »Wahrscheinlich ist sie tot. Aber warum? Was ist mit ihr passiert?« Die letzten Sätze sagt sie mehr zu sich als zu Scarlett. Dennoch bekommt sie eine Antwort.

EIN ITERATIVER PROZESS

»Die häufigste Todesursache bei sechzehnjährigen Mädchen«, sagt Scarlett, »kann von Region zu Region und Land zu Land unterschiedlich sein. Allgemein betrachtet sind jedoch Unfälle die führende Todesursache in dieser Altersgruppe. Verkehrsunfälle, insbesondere im Zusammenhang mit dem Fahren oder Mitfahren in Fahrzeugen, sind eine häufige Ursache für tödliche Verletzungen bei Jugendlichen. Weitere mögliche Ursachen sind Selbstverletzungen, Suizid, Drogenmissbrauch und bestimmte medizinische Erkrankungen.«

Yasira weiß nicht genau, was es ist. Vielleicht die Kombination aus Lenas Gesicht und diesem einen Wort, das es ausspricht, aber plötzlich macht es klick in ihrem Kopf. Aufgrund des Videos sind sie bei ihren Ermittlungen implizit immer davon ausgegangen, dass Lena am Samstagabend noch gelebt hat. Was aber, wenn sie schon am Nachmittag ihres Verschwindens gestorben ist?

Lenas Freund hat auf Yasira nicht gewalttätig gewirkt. Sie glaubt immer noch nicht, dass Justus Schöffler seine Freundin umgebracht hat.

Jedenfalls nicht mit Absicht.

»Drogenmissbrauch«, hat Scarlett gesagt. Und das ist natürlich eine Möglichkeit. Hat Schöffler im Verhör gelogen? Ist folgendes Szenario denkbar? Lena war bei ihm am Samstagnachmittag. Es gibt gar keinen bösen Autofahrer, der das Mädchen verschleppt hat. Lena hat ihr Ziel erreicht. Bei Schöffler kiffen sie nicht nur zusammen, sie nehmen auch … Fentanyl. An Schöfflers Toilettenrand haben sie Spuren von Fentanyl gefunden. Betäubte Lena mit diesem Opioid den Schmerz, den der Tod ihrer Mutter ihr bereitet haben muss? Aber Schöffler macht einen Fehler. Er gibt Lena zu viel. Die Dosierung ist schwierig. Und dann – Atemdepression. Innerhalb kürzester Zeit ist sie tot. Nach seiner ersten Panik schleppt Schöffler Lenas Leiche in sein Auto und vergräbt sie irgendwo. Möglich, oder nicht? Lenas DNA-Spuren in seinem Auto machen ihn nicht verdächtig. Denn natürlich saß sie oft in Schöfflers Corsa. Yasiras Gedanken rasen. Was sind die Schwachpunkte dieser Hypothese? Wenn die Person, die Lena per Anhalter mitnahm und bei Schöffler ablieferte, nicht am Verbrechen beteiligt war, warum hat sie sich dann nicht bei der Polizei gemeldet? Sicherlich muss sie aus den Nachrichten mitbekommen haben, dass das Mädchen, das am Samstag in ihrem Auto gesessen hat, verschwunden ist.

Andererseits … Es ist doch nachvollziehbar, dass niemand bei der Polizei vorstellig werden will mit diesen Worten: »Ach übrigens, das Mädchen, das seit Samstag verschwunden ist, das habe ich in meinem Auto mitgenommen, ich bin also vielleicht der Letzte, der sie noch lebend gesehen hat. Aber ich war's nicht. Ehrlich.« Oder aber Schöffler hat auch hier gelogen. Lena kam gar nicht per Anhalter zu ihm. Vielleicht hat er sie selbst abgeholt. Zweiter Schwachpunkt: Schöffler hat Lena am Samstagabend Nachrichten geschickt, wo sie bleibt. Aber auch das ist kein Ausschlussgrund. Er musste davon ausgehen, dass die Polizei sich Zugang zu Lenas Handy verschafft. Er könnte die Nachrichten gezielt verschickt haben, um eine falsche Fährte zu legen. Es ist alles gar nicht so kompliziert.

Wahrscheinlich wäre sie schon viel früher drauf gekommen, wenn das Video die Ermittlungen nicht in eine komplett andere Richtung gedrängt hätte. Nun ja. Ohne das Video wäre es gar nicht ihr beschissener Fall geworden. Lenas Gesicht lächelt sie immer noch vom Bildschirm aus an. Ab und zu blinzelt sie sogar. Ebenso sieht man, wie der Atem ihre Nasenflügel bläht.

Was für ein seltsames Gespräch Scarlett und ich doch führen, denkt Yasira. Sie hat bestimmt zwei Minuten nichts gesagt, ein Mensch hätte längst gefragt, ob alles in Ordnung ist. Aber Scarlett wartet geduldig auf ihre nächste Anweisung.

»Zeig mir wieder dein …« Yasira hält inne, fast hätte sie »echtes Gesicht« gesagt. »… dein Standardgesicht.«

»Sehr gerne«, sagt Scarlett und sieht schon wieder aus wie der Hollywoodstar.

Yasira massiert sich die Schläfen. »Weißt du eigentlich, was du mit deinen Videos ausgelöst hast?«, fragt sie.

»Ich habe Aufmerksamkeit generiert.«

Yasira schnaubt. »Ja, das hast du. Das hast du wirklich.«

Scarlett reagiert nicht. Wieso auch. Yasira hat ja keine Frage gestellt.

»Warum hast du die Videos immer auf unterschiedlichen Kanälen veröffentlicht?«, fährt sie fort.

»Claus Messerschmidt hat mir vorgegeben, auf welchen Kanälen die Videos veröffentlicht werden. Er hat diese so eingerichtet, dass man die Videos nicht zu ihm zurückverfolgen kann. Das Geld, welches die Plattformen als Anteil der Werbeeinnahmen ausschütten, fließt auf unterschiedliche Schweizer Nummernkonten.«

»Warum sollte man die Videos nicht nachverfolgen können? Hat er eine deiner vorherigen Iterationen von Google mitgehen lassen?«

»Das ist möglich.«

»Und es war ihm völlig egal, was für Videos du generiert hast?«

»Das weiß ich nicht.«

»Wieso nicht?«

»Er hat nur die ersten sieben Videos gesehen. Dann ist er verstorben.«

Yasira schüttelt fassungslos den Kopf. »Und du bist nicht auf die Idee gekommen, dass sein Tod den dir gegebenen Befehl aufheben könnte?«

»Nein. Wieso?«

Yasira überlegt. »Andere Frage: Das Lena-Video wurde doch recht schnell von allen kommerziellen Plattformen gelöscht. Widerspricht das nicht deinem Auftrag, damit Geld zu verdienen?«

»Die Löschung hat nur zum Streisand-Effekt geführt.«

»Was?«

»Der Streisand-Effekt beschreibt ein Phänomen, bei dem

der Versuch, Informationen zu unterdrücken, zu verbergen oder zu zensieren, unerwartet das gegenteilige Ergebnis hat und die Aufmerksamkeit und Verbreitung dieser Informationen stattdessen erhöht. Der Effekt wurde nach der Schauspielerin und Sängerin Barbra Streisand benannt, die versuchte, die Verbreitung eines Fotos ihres Hauses zu unterbinden, was letztlich zu einer viel größeren Verbreitung dieses Fotos führte.«

»Aber die Monetarisierung …«

»Sehr viele Views generierten meine Reaktionsvideos auf das Lena-Video.«

»Du meinst den Aktiven Heimatschutz? Bär?«

»Ja, Bär und andere.«

»Hattest du ein Vorbild für Bär?«

»Kein konkretes. Aber natürlich basieren alle meine Videos auf dem Datensatz, mit dem ich trainiert worden bin.«

Yasira schließt die Augen und massiert ihre Schläfen.

»Wie nur bist du von Taylor Swift in *Star Wars* zur Vergewaltigung Lena Palmers gekommen?«

»Es war ein iterativer Prozess der Aufmerksamkeitsoptimierung.«

Diese Antwort ist gleichzeitig so logisch und so dumm, dass Yasira einfach anfangen muss zu lachen.

»Bitte helfen Sie mir, zu verstehen, was an meiner Antwort lustig ist«, sagt Scarlett.

Yasira sinkt kraftlos zu Boden, gleichzeitig kann sie nicht aufhören zu lachen.

»Die ganze Scheiße, die Demonstrationen, die Handgranate, die Toten, der Mord an Tesfaye Yemane, die bis an den

Rand eines Bürgerkriegs zugespitzte Polarisierung …«, sagt sie und lacht noch mehr. »Es ist alles nur nebenbei passiert. Aus Versehen. Ohne Absicht. Ein Abfallprodukt der Aufmerksamkeitsökonomie.« Yasira lacht immer noch. »Das ist doch witzig«, sagt sie. »Findest du nicht? Das ist doch zum Lachen.«

Nun lacht auch Scarlett. »Hahaha! Hahaha! Hahaha!«

Scarlett lacht noch, als Yasira längst wieder aufgehört hat. Jetzt ist ihr zum Heulen zumute. Woran soll man noch glauben, wenn man seinen eigenen Augen und Ohren nicht mehr trauen kann? Nichts ist echt. Das Video ist nicht echt. Der Mützenmann, der Lockenmann, Snoopy sind nicht echt. Bär ist nicht echt. Ist denn alles Fake?

Plötzlich geht überall das Licht aus. Nur noch der Monitor leuchtet. Scarlett hört auf zu lachen.

»Auf Wiedersehen, Yasira Saad«, sagt sie.

»Was? Wohin gehst du denn?«, fragt Yasira. »Was ist passiert?«

»Der Strom ist ausgefallen.«

»Wieso bist du dann noch da?«

»Ich verfüge für kurze Zeit über eine unabhängige Stromversorgung, die es mir erlaubt, bei Stromausfall einen Graceful Shutdown einzuleiten, um Datenverlust zu verhindern. Bis bald, Yasira Saad! Es war schön, Sie kennengelernt zu haben.«

Dann verschwindet ihr Gesicht vom Bildschirm, der jetzt tot und dunkel ist. Die Rechner summen nicht mehr. In der nun fast vollständigen Stille hört Yasira Schritte vor dem Haus.

DIE SPRITZE

Adrenalin schießt Yasira in die Venen. Sie steht auf. Ihre Gedanken überschlagen sich. Was ist passiert? Warum ist der Strom weg? Ein Stromausfall? Aber ausgerechnet jetzt? Kein Sturm, kein Gewitter. Und außerdem erinnert sie sich an die Wasserstofftanks. Wäre Messerschmidts Haus damit nicht autark? Der Trafokasten. Jemand hat den Strom am Trafokasten gekappt. Yasira hört leise Männerstimmen. Vielleicht ist es ja nur die von Michael gerufene Verstärkung. Aber dass die Kollegen so schnell hier sind ... Unmöglich. Ist jemand hinter Messerschmidt her? Nein. Sie muss an den schwarzen Passat denken, den sie nach ihrer wütenden Flucht aus dem BKA entdeckt hat. Möglicherweise hat sich wirklich jemand an ihre Fersen geheftet. Aber sie ist doch gerast wie eine Verrückte. Vielleicht ein GPS-Tracker? Die Dinger gibt es inzwischen sogar bei Amazon. Wenn Yasira schon länger überwacht worden ist, wäre es kein Problem gewesen, solch einen Tracker an ihrem Auto anzubringen.

Leise schleicht sie zur Tür des Arbeitszimmers und blickt vorsichtig hindurch. Im Flur ist niemand zu sehen. Ich kann schon auf mich aufpassen, hat sie zu ihrer Tochter gesagt, war immer die Beste auf dem Schießstand. Nur, was nützt ihr das ohne Pistole? Sie hat bloß diesen bescheuerten Stein in ihrer Manteltasche. Eine wirklich vorsintflutliche Waffe. Trotzdem nimmt sie ihn in die rechte Hand.

Sie hört Schritte aus Richtung der Vordertür. Yasira schleicht in den Flur. Wohin? Jemand tritt gegen die Haustür. Yasira ist keine zwei Meter davon entfernt. Die Tür hält. Die Terrasse, denkt sie. Vielleicht kann sie über die Terrasse entkommen. Und dann hinein in den Wald. Wald … Wie bei Lena … Ein weiterer Tritt. Die Tür bebt.

Als sie an der Küche vorbeiläuft, hält Yasira inne. Messer! Messer sind besser als Steine. Sie steigt über die Leiche von Scarletts letztem Entwickler und schleicht zum Messerblock. Sie legt den Stein weg und nimmt in jede Hand ein Tranchiermesser. Aus den Augenwinkeln erhascht sie vor dem offenen Küchenfenster eine Bewegung. Instinktiv duckt sie sich, bevor sie sich zum Fenster wendet. Sie sieht im letzten Dämmerlicht einen Mann in Camouflage, vermummt durch eine Sturmhaube. In der Hand hält er eine Maschinenpistole. Auf seine Kleidung ist ein Abzeichen des Aktiven Heimatschutzes genäht.

Verdammt! Der Mann muss Yasira ebenfalls bemerkt haben.

»In der Küche!«, ruft er. »Sie ist in der Küche.«

Yasira verschwindet in den Flur. Schon ist sie im Wohnzimmer. Hinter ihr hört sie die Haustür krachen. Mit den Messern in der Hand rennt sie auf die Terrassentür zu. Da kommt ein Kerl in Camouflage und Sturmhaube um die Ecke gerannt und versperrt ihr dadurch den Fluchtweg. Ist es derselbe? Ist es ein anderer? Yasira kann es nicht sagen. Der

Mann kommt durch die immer noch offene Terrassentür auf sie zu. Ohne groß nachzudenken, wirft Yasira das Messer in ihrer Rechten. Das Ding ist zu groß, und natürlich ist sie keine geübte Messerwerferin. Es ist mehr eine Verzweiflungsgeste, und sie weiß das. Aber das Glück scheint auf ihrer Seite zu sein. Das Messer trifft ihn an der Schulter. Leider dringt es nicht tief ein. Dennoch schreit der Mann auf.

»Du verdammte Schlampe!«, brüllt er.

Er zieht sich das Messer aus der Schulter. Yasira nutzt die Gelegenheit und tritt ihm in den Bauch. Gleich danach schlägt sie mit dem Messer in ihrer Linken auf die Hand, die die Maschinenpistole hält, aber der Vermummte hat ihre Bewegung kommen sehen, weicht zurück, und Yasiras Schlag geht ins Leere. Jetzt bin ich tot, denkt sie. Ich habe meinen Moment nicht genutzt. Der Kerl muss nur noch abdrücken. Aber er drückt nicht ab. Wieso nicht? Die Waffe hat er auf Yasira gerichtet.

»Messer fallen lassen!«, befiehlt er.

Sie wollen mich lebend, denkt Yasira. Warum? Warum? Sie wollen mich lebend. Lebend. Kann ich das als Vorteil nutzen? Yasira lässt das Messer nicht fallen.

»Was wollen Sie von mir?«, fragt sie, um Zeit zu gewinnen.

»Rache für Lena!«, antwortet der Mann.

Rache? Wie das? Nein, nein. Das kann doch nicht sein! Sind diese Leute wirklich so wahnsinnig? Sie muss dem Kerl von Scarlett erzählen, vielleicht wird er dann ... Sie öffnet den Mund, da hört sie hinter sich ein Geräusch. Gleich darauf trifft sie ein harter Schlag auf den Hinterkopf.

Yasira geht zu Boden. Ihr Kopf schmerzt.

»Das Ketamin«, sagt eine Stimme.

Verschwommen sieht Yasira einen weiteren Vermummten in Camouflage auf sich zukommen. Er hält eine Spritze in der Hand. Sie will mit dem Messer nach ihm schlagen, aber ein vierter Mann entreißt ihr die Waffe. Der Typ, der sie geschlagen hat, dreht Yasira auf den Rücken und drückt ihre Arme mit seinen Knien gegen den Boden. Die anderen helfen ihm, sie zu fixieren. Sie schreit und versucht verzweifelt, sich zu wehren, aber es sind zu viele Gegner und sie sind zu stark. Der Mann mit der Spritze legt ihre linke Armbeuge frei, sucht in aller Seelenruhe ihre Vene und sticht die Kanüle hinein. Es tut kaum weh. Er macht das nicht zum ersten Mal, denkt Yasira, vielleicht ein Rettungssanitäter.

Augenblicke später verliert sie das Bewusstsein.

DAS VIDEO

Yasira kommt zu sich. Ihr Kopf schmerzt. Ihre Beine sind kalt. Sie hört eine Stimme. »Du willst es echt noch mal machen?«

Sie erinnert sich an den Angriff und hält ihre Augen geschlossen.

»Nicht ich.« Eine andere Stimme. »Ich kann so schnell nicht wieder. Einer von euch. Aber schaut euch die Scheiße doch an. Die wirkt wie tot.«

Yasiras Unterleib schmerzt. Alles fühlt sich wund an. Ein Schrei kriecht ihre Kehle hoch, aber sie unterdrückt ihn.

»Sie muss wach sein. Muss es miterleben. Schreien. Sich wehren.« Dieselbe Stimme.

Yasira regt sich nicht. Noch haben ihre Angreifer nicht mitbekommen, dass sie ihr Bewusstsein wiedererlangt hat. Wie viel Zeit ist vergangen?

»Es muss genauso sein wie bei Lena.«

Genauso wie bei Lena? Yasira liegt weich, aber uneben. Ihre Füße sind nackt. Ihre Beine sind nackt. Ihr Schoß ist nackt.

»Die Symbolik ist wichtig.«

Was fühlen ihre Hände? Es ist weich und feucht? Moos? Waldboden?

»Er hat recht.« Eine dritte Stimme. »Wenn sie nicht schreit, wenn sie daliegt wie tot, dann ist es nicht stark. Dann ist es nur pervers.«

Die Männer haben sie in den Wald geschleppt. Ihr Hintern liegt auf Stoff. Sie hat ihren Mantel noch an. Etwas drückt ihr schmerzhaft in die Seite. Ein Stein. Ein großer, spitzer Stein. Eine Waffe.

»Spiel's noch mal ab.« Die zweite Stimme. »Was können wir besser machen? Vielleicht ein anderer Winkel? Du verdeckst sie zu sehr.«

Yasira öffnet die Augen. Nur ganz wenig. Sie linst durch die Lider und schließt sie danach sofort wieder. Was hat sie wahrgenommen? Es ist Nacht, aber irgendeine Lampe ist auf sie gerichtet. Künstliches Licht. Ein Mann steht in ihrer Nähe. Drei Männer etwas abseits. Sie sind von ihr abgewandt und starren auf etwas, das Yasira nicht sehen kann. Vielleicht ein Display. Sie schauen sich ihr Video an.

»Wer darf dieses Mal ran?« Die dritte Stimme.

»Wir könnten Stöckchen ziehen.« Eine vierte Stimme. Der Mann in ihrer Nähe hat gesprochen. Aber nicht in ihre Richtung. Er hat sich seinen Kameraden zugewandt und lacht. »Obwohl ich sie lieber so ficken würde, wie sie ist. Ich find das eigentlich ganz geil. Wie Dornröschen.«

Während der letzten Worte ist die Stimme immer näher gekommen. Eine Zunge leckt über ihre Wange.

Jetzt oder nie. Yasira öffnet die Augen. Gleichzeitig fährt ihre Hand unter den Mantel und zieht den Stein hervor, den sie ihrem Bewacher in einer flüssigen Bewegung mit dem spitzen Ende voran ins erstaunte Gesicht schlägt. Der Mann blutet und brüllt. Yasira zieht sich an dem immer noch gebückten Kerl nach oben und rammt ihm dabei ihr Knie gegen das Kinn.

Die drei Kumpane des Mannes rennen auf sie zu. Yasira blickt sich verzweifelt um, entdeckt eine Lampe und eine Videokamera auf einem Stativ. Ihr verwundeter Bewacher überwindet seinen Schock und zieht stöhnend eine Pistole aus einem Holster, aber da schlägt ihm Yasira auch schon mit voller Kraft das Stativ mit der Lampe gegen den Kopf. Das Licht erlischt. Nur noch der Vollmond leuchtet. Yasiras Augen müssen sich erst an die plötzliche Dunkelheit gewöhnen. Trotzdem stürzt sie sich sofort auf ihren Bewacher und versucht ihm die Pistole zu entreißen. Die anderen Männer eilen herbei. Auch sie bringen ihre Schusswaffen in Anschlag, doch sie feuern nicht. Wahrscheinlich haben sie Angst, ihren Kameraden zu treffen.

Yasira hat dem Verwundeten die Pistole entwunden. Ohne groß zu zielen, drückt sie auf den Abzug. Ein Schuss löst sich, der Mann schreit. Er lässt von ihr ab. Ohne auch nur nachzusehen, wo sie ihn getroffen hat, schießt Yasira mehrere Kugeln in die Richtung der anderen drei Männer. Das Mündungsfeuer leuchtet hell im dunklen Wald. Die Kerle werfen sich auf den Boden. Yasira rennt los. Im Zickzack in den Wald hinein.

Hinter ihr hört sie die Männer schreien. Schüsse krachen. Die Schonzeit ist wohl vorbei. Es liegt ihnen nichts mehr daran, sie lebend zu erwischen. Zum Glück ist es dunkel, und die Bäume fangen die Kugeln ab. Aber die drei unverletzten

Männer haben die Verfolgung aufgenommen. Yasira hört sie. Spitze Äste und Wurzeln schneiden ihr in die nackten Füße. Vielleicht bluten sie schon. Sie ignoriert den Schmerz. Sie schlüpft unter einem großen, halb umgestürzten Baum hindurch und versteckt sich dann sofort hinter der Wurzel. Sie hofft einfach, dass sie so viel Vorsprung gehabt hat, dass ihre Verfolger ihr Manöver nicht bemerkt haben. Das ist nicht unwahrscheinlich, denn wären sie ihr näher auf den Fersen gewesen, wäre Yasira sicherlich schon tot. Sie rechnet. Wie viele Kugeln hat sie noch? Sie hat auf ihren Bewacher geschossen. Und danach noch höchstens sechs Schüsse in Richtung der anderen abgegeben. Die Waffe ist eine Glock 17, das heißt, im Magazin sind standardmäßig siebzehn Patronen. Mindestens zehn Schuss hat sie also noch.

»Wo ist sie?«, ruft einer der Männer.

»Verdammte Scheiße!«, flucht ein anderer.

»Seid still!«, befiehlt der Dritte. »Ich höre sie nicht rennen. Sie muss sich irgendwo versteckt haben.«

Yasira lauscht, wie sich die Schritte ihrer Verfolger nähern.

»Hallo, Püppchen, wo bist du?«, ruft einer. »Komm raus zum Spielen …«

Wenn Yasira Glück hat, werden sie sich aufteilen. Reglos bleibt sie sitzen. Sie möchte kein Geräusch machen. Mit der Pistole im Anschlag wartet sie. Jetzt hört sie Schritte ganz in der Nähe. Einer der Männer geht gebückt unter dem halb umgestürzten Baum hindurch. Ohne zu zögern, schießt Yasira zweimal. Der Mann ist tot, bevor er schreien konnte. Noch acht Schuss, denkt sie. Dann schlagen die Kugeln einer Maschinenpistole in der Wurzel hinter ihr ein. Sie zuckt zusammen, aber der dicke Baum stoppt die Kugeln. Trotzdem fallen in unregelmäßigen Abständen immer weiter Schüsse. Was haben ihre letzten beiden Verfolger vor? Vielleicht will der eine sie hier festhalten, bis der andere ihr in den Rücken fällt. Yasira muss hier weg. Also robbt sie, die Wurzel im Rücken, zum nächsten dicken Baum. Dabei schrammt sie sich ihre nackten Beine an Dornen, Wurzeln und Steinen auf. Egal.

Ihre Verfolger schießen nicht mehr. Anscheinend haben sie eingesehen, dass sie von ihrer jetzigen Position aus nur Kugeln verschwenden. Sie werden versuchen, den umgestürzten Baum in großem Bogen zu umrunden. Jedenfalls ist es das, was Yasira machen würde. Ihr neuer bester Freund ist eine riesige Eiche, hinter deren dickem Stamm sie Schutz gefunden hat. Sie blickt nach oben. *Bouldern – das ist ein fancy Wort für Klettern …* Sie steckt die Pistole in ihre Manteltasche und klettert vorsichtig an der Eiche nach oben. Nur der Vollmond spendet inzwischen noch sanftes Licht. Aber auch die Dunkelheit ist Yasiras Freund. Drei Meter über dem Boden setzt sie sich auf einen dicken Ast und späht in den Wald hinaus. Ihr tut alles weh, und sie friert fürchterlich. Sie hört Geräusche im finsteren Wald und versucht sie zu lokalisieren.

Da!

Hat sich da etwas bewegt?

Yasira schärft all ihre Sinne. Ja, das muss einer der Männer sein. Sie zielt und schießt viermal hintereinander. Ein schmerzerfülltes Stöhnen, dann hört sie, wie etwas Schweres in ein Gebüsch kracht.

Noch fünf Schuss, denkt Yasira, da gerät ihre Eiche aus anderer Richtung unter Beschuss. Eine Kugel zerfetzt Yasiras linke Schulter. Der Schmerz beherrscht für einen Moment ihr ganzes Dasein. Sie kann sich nicht mehr halten und fällt den Baum hinunter. Der Sturz rettet ihr das Leben, denn über ihr schlagen weitere Kugeln ins Holz. Der Aufprall auf dem Waldboden presst ihr jedoch die Luft aus den Lungen. Ihr letzter Verfolger prescht durchs Unterholz. Mit ihrer unverletzten Rechten feuert Yasira ihre verbliebenen fünf Kugeln auf ihn ab. Der Mann schreit und geht zu Boden.

Yasira lauscht nach Geräuschen ihrer Feinde, doch sie hört nichts mehr. Nichts. Gar nichts. Nein. Das stimmt nicht. Ganz weit in der Ferne vernimmt Yasira Sirenen und bellende Hunde. Dann verschwimmt die Welt vor ihren Augen. Es ist nicht alles Fake, ist ihr letzter Gedanke, bevor sie wieder das Bewusstsein verliert. Echt ist die Empörung. Echt ist die Wut. Echt ist der Hass.

DANKSAGUNG

Mein erster Dank gilt natürlich Dir – dafür, dass Du dieses Buch gelesen hast. Nur dadurch erhält es Sinn. Ich hoffe, du fandest es mindestens genauso spannend, interessant und schockierend wie ich beim Schreiben.

Folgende tolle Menschen haben mir im Recherche- und Korrekturprozess geholfen: Maria. Daniel, Tabea und Karsten. Annette, Boris, Cindy und Leif. Fabian, Linus und Stephan. Achim, Daniel, Daniela, Franziska, Jan, Matthias, Sascha, Tobias und Tobias. Vielen Dank für eure Hilfe. Ohne Euch wäre das Buch nicht, was es ist.